自由贸易协定商务应用指南丛书

《中国—冰岛自由贸易协定》
商务应用指南

中国国际贸易促进委员会　编

中国商务出版社
CHINA COMMERCE AND TRADE PRESS

图书在版编目（CIP）数据

《中国—冰岛自由贸易协定》商务应用指南 / 中国
国际贸易促进委员会编 . — 北京：中国商务出版社，
2022.10

（自由贸易协定商务应用指南丛书）

ISBN 978-7-5103-4513-5

Ⅰ . ①中… Ⅱ . ①中… Ⅲ . ①自由贸易—国际贸易—
贸易协定—中国、冰岛—指南 Ⅳ . ① F752.753.5–62

中国版本图书馆 CIP 数据核字 (2022) 第 196204 号

自由贸易协定商务应用指南丛书

《中国—冰岛自由贸易协定》商务应用指南
《ZHONGGUO—BINGDAO ZIYOU MAOYI XIEDING》SHANGWU YINGYONG ZHINAN

中国国际贸易促进委员会　编

出　　版：	中国商务出版社	
地　　址：	北京市东城区安定门外大街东后巷 28 号	邮　编：100710
责任部门：	外语事业部（010-64243656）	
责任编辑：	汪　沁	
直销客服：	010-64255862	
总 发 行：	中国商务出版社发行部（010-64208388　64515150）	
网购零售：	中国商务出版社淘宝店（010-64286917）	
网　　址：	http://www.cctpress.com	
网　　店：	http://shop595663922.taobao.com	
邮　　箱：	278056012@qq.com	
排　　版：	德州华朔广告有限公司	
印　　刷：	三河市鹏远艺兴印务有限公司	
开　　本：	700 毫米 ×1000 毫米　1/16	
印　　张：	15.5	字　数：246 千字
版　　次：	2022 年 12 月第 1 版	印　次：2022 年 12 月第 1 次印刷
书　　号：	ISBN 978-7-5103-4513-5	
定　　价：	58.00 元	

凡所购本版图书如有印装质量问题，请与本社印制部联系（电话：010-64248236）

自由贸易协定商务应用指南丛书
编委会

《中国—冰岛自由贸易协定》
商务应用指南

编写组：

南开大学亚太经合组织研究中心：

罗　伟（团队负责人）　刘晨阳（团队负责人）

孟　夏　于晓燕　李　俊　曹以伦　景国文　张　鑫

尚　冲

中国国际贸易促进委员会：

刘　俊　刘　宇　莫妙桃　薛　堃　周思苑

审核组：　马珂珂　孙盛含　李　玢　赵颖欣　杨　伊　康雪芳

徐　婷　田　耕　孙　怡

审校组：　李学新　赵桂茹　高　爽　李自满　汪　沁　李　君

刘静知　谢星光

卷首语

　　以世界贸易组织（WTO）为代表的多边贸易体制和以自由贸易协定（FTA）为主要表现形式的区域性贸易安排，是驱动经济全球化发展的两个"轮子"。近年来，开放水平更高、灵活性更强的区域性贸易安排蓬勃发展，在推动全球贸易发展、构建世界经济新规则等方面发挥了重要作用。

　　党中央高度重视自由贸易区建设。党的十七大报告将自由贸易区建设上升为国家战略。党的十八大报告提出，要加快实施自由贸易区战略。党的十九大报告提出，要支持多边贸易体制，促进自由贸易区建设，推动建设开放型世界经济。党的十九届五中全会强调，实施自由贸易区提升战略，构建面向全球的高标准自由贸易区网络。截至目前，我国已与26个国家和地区签署了19个自贸协定，自贸伙伴遍及亚洲、大洋洲、拉丁美洲、欧洲和非洲。特别是2022年1月1日，《区域全面经济伙伴关系协定》（RCEP）正式生效，标志着世界上人口数量最多、成员结构最多元、发展潜力最大的自贸区正式落地，将为区域乃至全球贸易投资增长、经济复苏和繁荣发展作出重要贡献。

　　大力推广实施自贸协定，是实施自由贸易区提升战略、推进贸易高质量发展的关键环节，对于增强我国产业在国际国内两个市场配置资源的能力、加快构建新发展格局，具有重要意义。由于自贸协定涉及领域广、专业性强、较为复杂，我国企业对于自贸协定优惠政策不了解、不掌握、不会用的情况较为普遍，自贸协定总体利用率还不够高。自贸协定推广实施工作亟须加强。

　　近年来，中国贸促会认真贯彻落实党中央关于自由贸易区建设的系列决策部署，充分发挥连接政企、衔接内外、对接供需的独特优势，围绕信息发布、政策宣介、企业培训和优惠原产地证签发等，深入开展自贸协定推广实施工工作。为帮助广大企业更好了解我国已签署的各项自贸协定，用好用足相关优惠政策，中国贸促会组织编写了自由贸易协定商务应用指南丛书，涉及中国—东盟、中国—巴基斯坦、中国—新加坡、中国—韩国、亚太贸易协定、《内地与港澳关于建立更紧密经贸关系的安排》（CEPA）、中国—格鲁吉亚、《海峡两岸经济合作框架协议》（ECFA）、中国—智利、中国—秘鲁、中国—哥斯达黎加、中国—新西兰、中国—澳大利亚、中国—冰岛、中国—瑞士以及《区域全面经济伙伴关系协定》共16个自贸协定。

自由贸易协定商务应用指南丛书通过规则解读、趋势研判和案例剖析相结合的方式，系统介绍各自贸协定的详细规则和使用方法，力求全面准确、重点突出、通俗易懂，为广大企业提供看得懂、用得上的"明白纸"和"工具书"。

欢迎社会各界批评指正，提出宝贵意见建议，帮助我们不断完善本系列丛书，使之成为中国企业开展对外贸易与投资的重要参考。

中国国际贸易促进委员会会长

任鸿斌

2022年10月8日

目录

第一章

中国—冰岛双边经贸关系及自由贸易区的建设进程

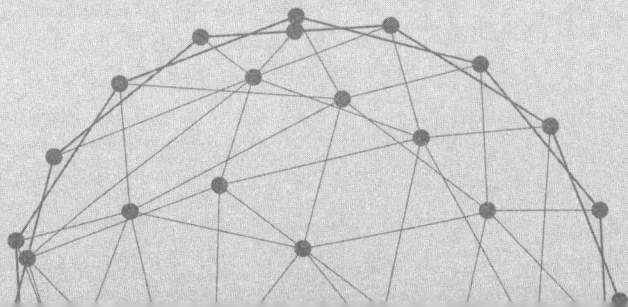

　　《中国—冰岛自由贸易协定》（以下简称"中冰自贸协定"）于2014年7月1日生效。该协定是中国与欧洲国家签署的第一个自由贸易协定，内容涉及货物贸易、服务贸易、投资等诸多领域。中冰自贸协定的签署强化了双边经贸关系，为中国与欧洲国家商签自由贸易协定提供了良好的范例，同时也为中国企业参与双边贸易、投资及经济合作创造了更加公平、透明和稳定的经济环境。通过阅读本章，企业可以了解和掌握以下内容：

　　1. 中国和冰岛的经济概况；

　　2. 中国和冰岛的双边货物贸易、服务贸易和直接投资发展情况；

　　3. 中国—冰岛自由贸易区谈判及建设的宏观背景及重要意义；

　　4. 中国—冰岛自由贸易区的谈判及建设历程；

　　5. 中冰自贸协定的主要内容。

第一节　中国和冰岛经济及贸易发展情况

近年来，中国经济发展迅速，为世界经济发展做出了重要贡献。中国是世界重要经济体之一，同时也是世界第一大出口经济体和第二大进口经济体。中冰两国在贸易产品结构上具有较强的互补性。中冰自贸协定的生效为两国企业间增强贸易和投资联系，扩大双边经贸往来创造了更多的机会。

一、中国与冰岛经济概况

（一）中国经济概况

1. 宏观经济基本情况

中国位于亚洲东部，太平洋西岸，陆地面积约为960万平方千米，2020年末总人口约为14.12亿。[①] 2010—2020年中国的宏观经济基本情况参见表1-1。

表1-1　2010—2020年中国宏观经济基本情况

年份	国内生产总值（万亿元）	国内生产总值（万亿美元）	国内生产总值占世界的比重（%）	国内生产总值年增长率（%）	城镇登记失业率（%）	人均国内生产总值（万元）	人均国内生产总值（美元）
2010	41.2	5.88	9.34	10.6	4.10	3.1	4550
2011	48.8	7.30	10.48	9.3	4.10	3.6	5447
2012	53.9	8.23	11.47	7.8	4.10	4.0	6265
2013	59.3	9.24	12.34	7.7	4.05	4.3	6992
2014	64.4	10.36	13.30	7.3	4.09	4.7	7684
2015	68.9	10.87	14.80	7.0	4.05	5.0	8067
2016	74.6	11.20	14.81	6.8	4.02	5.4	8148
2017	83.2	12.24	15.17	6.9	3.90	6.0	8879

---

① 中国的国土面积及人口数据来源于中国统计出版社，《中国统计年鉴2021》。

续　表

年份	国内生产总值（万亿元）	国内生产总值（万亿美元）	国内生产总值占世界的比重（%）	国内生产总值年增长率（%）	城镇登记失业率（%）	人均国内生产总值（万元）	人均国内生产总值（美元）
2018	91.9	13.61	15.86	6.8	3.80	6.6	9977
2019	98.7	14.34	16.34	6.0	3.62	7.0	10217
2020	101.6	14.72	17.38	2.3	4.24	7.2	10500

资料来源：2010—2019年数据根据《中国统计年鉴》数据计算整理，2020年数据来源于国家统计局发布的《中华人民共和国2020年国民经济和社会发展统计公报》，各指标以最新发布数据为准。

近年来，中国宏观经济发展态势良好，国民经济的产业构成日趋完善。

如表1-1所示，2010—2019年，中国国内生产总值年增长率始终保持在较高水平。2020年，受新冠肺炎疫情的影响，中国经济增长速度出现下滑。中国国内生产总值在世界经济中所占比重逐年上升，人均国内生产总值稳定增长，并已于2019年超过1万美元。中国的城镇登记失业率总体保持稳定。第一产业和第二产业增加值占国内生产总值的比重呈逐步下降趋势，第三产业所占比重则稳步上升（参见表1-2）。

表1-2　2010—2020年中国各产业增加值占国内生产总值的比重

单位：%

年份	第一产业比重	第二产业比重	第三产业比重
2010	9.3	46.5	44.2
2011	9.2	46.5	44.3
2012	9.1	45.4	45.5
2013	8.9	44.2	46.9
2014	8.6	43.1	48.3
2015	8.4	40.8	50.8
2016	8.1	39.6	52.4
2017	7.5	39.9	52.7
2018	7.0	39.7	53.3
2019	7.1	38.6	54.3
2020	7.7	37.8	54.5

资料来源：中国统计出版社，《中国统计年鉴2021》。

2. 货物贸易

中国的货物贸易规模快速扩大，对世界货物贸易的贡献不断提升。

2010年以来中国货物贸易发展情况参见表1-3。根据世界贸易组织的统计，2020年，中国货物出口规模保持在世界第1位，出口金额约占世界货物出口总额的14.7%；中国货物进口规模保持在世界第2位，进口金额约占世界货物进口总额的11.5%。[①]

表1-3　2010—2020年中国货物贸易发展情况

单位：亿美元

年份	中国进口总额	中国出口总额	中国进出口总额	中国贸易差额
2010	13962.5	15777.5	29740.0	1815.0
2011	17434.8	18983.8	36418.6	1549.0
2012	18184.1	20487.1	38671.2	2303.0
2013	19499.9	22090.0	41589.9	2590.1
2014	19592.4	23422.9	43015.3	3830.5
2015	16795.6	22734.7	39530.3	5939.1
2016	15879.3	20976.3	36855.6	5097.0
2017	18437.9	22633.5	41071.4	4195.6
2018	21357.3	24866.8	46224.1	3509.5
2019	20784.1	24994.8	45778.9	4210.7
2020	20659.6	25899.5	46559.1	5239.9

资料来源：中国统计出版社，《中国统计年鉴2021》。

3. 服务贸易

中国服务贸易规模快速增长，进口需求增长尤其引人注目。

如表1-4所示，2010—2019年，中国服务贸易增长迅速。2020年，受新冠肺炎疫情的影响，中国服务贸易规模有所萎缩。目前，中国服务贸易的绝对规模仍然显著小于货物贸易，但服务进口额及进出口总额的增长速度已明显超越同期货物贸易的增长速度。[②]如表1-5所示，运输服务，旅行服务，建

[①] 资料来源：世界贸易组织，*World Trade Statistical Review 2021*。

[②] 根据表1-4中所列的数据，2010—2020年，中国服务进口额的年均增长率为7.02%，服务进出口总额的年均增长率为5.94%；根据表1-3中所列的数据，同期，中国货物进口总额的年均增长率为4%，货物进出口总额的年均增长率为4.58%。

筑服务，电信、计算机和信息服务是中国服务出口的主要部门。而中国服务进口的主要部门为运输服务和旅行服务。中国服务出口的主要目的地为中国香港、欧盟、美国、日本和新加坡；进口主要来源地为中国香港、美国、欧盟、日本和加拿大。[①]

表1-4　2010—2020年中国服务贸易规模

单位：亿美元

年份	中国服务进口金额	中国服务出口金额	中国服务进出口总额	中国服务贸易差额
2010	1934.0	1783.4	3717.4	−150.6
2011	2478.4	2010.5	4488.9	−467.9
2012	2813.0	2015.8	4828.8	−797.2
2013	3306.1	2070.1	5376.2	−1236.0
2014	4328.8	2191.4	6520.2	−2137.4
2015	4355.4	2186.2	6541.6	−2169.2
2016	4521.0	2095.3	6616.3	−2425.7
2017	4675.9	2280.9	6956.8	−2395.0
2018	5250.4	2668.4	7981.8	−2582.0
2019	5014.0	2836.0	7850.0	−2178.0
2020	3810.9	2806.3	6617.2	−1004.6

资料来源：中国统计出版社，《中国统计年鉴2021》。

中国服务贸易世界排名基本保持稳定，进口占比显著上升。

2020年，中国服务出口居世界第4位，与2010年排名相同，中国服务出口金额约占世界服务出口总额的5.70%，与2010年时的4.61%相比，有所上升；中国服务进口排名从2010年的世界第3位上升至第2位，中国服务进口金额约占世界服务进口总额的8.20%，与2010年的5.47%相比有显著提升。[②]

中国服务贸易部门结构正在不断优化。

根据商务部的统计，2020年，受新冠肺炎疫情的影响，旅行等传统服务

[①] 资料来源：世界贸易组织，*Trade Profiles 2021*。

[②] 资料来源：世界贸易组织，*Trade Profiles 2011* 及世界贸易组织，*World Trade Statistical Review 2021*。此段数据统计中不包括政府服务。

贸易部门在中国服务贸易中所占比重显著下降，但电信、计算机和信息服务，金融服务，保险服务以及知识产权使用费等知识密集型服务在服务贸易中占比继续提高，贸易结构不断优化。2020年，中国知识密集型服务进出口总额为20331.2亿元，占服务进出口总额的比重达到44.5%，比上年提升9.9个百分点。[1] 2020年中国各服务贸易部门进出口情况参见表1-5。

表1-5　2020年中国各服务贸易部门进出口情况

服务类别	进出口		出口		进口		贸易差额		
	金额（亿元）	同比（%）	金额（亿元）	同比（%）	金额（亿元）	同比（%）	2020年（亿元）	2019年（亿元）	逆差减少（亿元）
总额	45642.7	-15.7	19356.7	-1.1	26286.0	-24.0	-6929.3	-15024.9	8095.6
运输服务	10434.8	0.2	3904.1	22.9	6530.7	-9.7	-2626.6	-4059.2	1432.6
旅行服务	10192.9	-48.3	1141.3	-52.1	9051.6	-47.7	-7910.3	-14941.6	7031.3
建筑服务	2295.8	-10.8	1733.6	-10.3	562.2	-12.3	1171.4	1290.8	-119.4
保险服务	1222.4	13.9	370.9	12.5	851.4	14.5	-480.5	-413.7	-66.8
金融服务	507.6	15.4	288.7	7.0	219.0	28.5	69.7	99.3	-29.6
电信、计算机和信息服务	6465.4	16.0	4191.4	12.8	2274.0	22.5	1917.4	1860.0	57.4
知识产权使用费	3194.4	12.9	598.9	30.5	2595.5	9.4	-1996.6	-1912.5	-84.1
个人、文化和娱乐服务	298.2	-18.1	90.7	9.8	207.5	-26.3	-116.7	-198.8	82.1
维护和维修服务	760.2	-20.4	528.6	-24.7	231.6	-8.2	296.9	450.0	-153.1
加工服务	1209.3	-11.8	1174.8	-12.9	34.5	60.2	1140.3	1327.7	-187.4
其他商业服务	8643.2	1.7	5160.8	2.0	3482.4	1.3	1678.4	1621.5	56.9
政府服务	418.5	15.3	172.9	62.4	245.6	-4.3	-72.7	-150.1	77.4

资料来源：商务部《中国对外贸易形势报告》（2021年春）。

---

[1] 商务部《中国对外贸易形势报告》（2021年春）。

4. 直接投资

自2010年以来，中国的外商直接投资基本保持稳定增长。中国对外直接投资规模在2010—2016年总体呈快速增长态势，并于2014年超过了同期外商直接投资规模。2017—2019年，中国对外直接投资规模有所下调，2020年又回升至接近2017年的水平。总体而言，2010年以来，中国对外直接投资的增长速度超过了同期外商直接投资的增长速度（参见表1–6）。

表1–6 2010—2020年中国外商直接投资及中国对外直接投资情况

单位：亿美元

年份	中国外商直接投资	中国对外直接投资流量	中国年末对外直接投资存量
2010	1057.30	688.1	3172.1
2011	1160.11	746.5	4247.8
2012	1117.16	878.0	5319.4
2013	1175.86	1078.4	6604.8
2014	1195.62	1231.2	8826.4
2015	1262.67	1456.7	10978.6
2016	1260.01	1961.5	13573.9
2017	1310.35	1582.9	18090.4
2018	1349.66	1430.4	19822.7
2019	1381.35	1369.1	21988.8
2020	1443.69	1537.1	25806.6

资料来源：中国统计出版社，《中国统计年鉴2021》。

（二）冰岛经济概况

1. 宏观经济基本情况

冰岛位于北大西洋，国土面积为10.3万平方千米，2020年中总人口为36.64万。[①] 冰岛宏观经济基本情况参见表1–7。2019年后，冰岛宏观经济出现衰退迹象，国内生产总值年增长率显著下降。2020年受新冠肺炎疫情进一步影响，冰岛经济出现了负增长。

———————————
① 资料来源：世界银行数据库。

表1-7　2010—2020年冰岛宏观经济基本情况

年份	国内生产总值（亿美元）	国内生产总值年增长率（%）	国内生产总值占世界的比重（%）	人均国内生产总值（万美元）
2010	137.51	−2.8	0.02	4.32
2011	152.22	1.8	0.02	4.77
2012	147.52	1.1	0.02	4.60
2013	161.25	4.6	0.02	4.98
2014	178.68	1.7	0.02	5.46
2015	175.17	4.4	0.02	5.30
2016	207.93	6.3	0.03	6.20
2017	247.28	4.2	0.03	7.20
2018	262.67	4.9	0.03	7.45
2019	248.58	2.4	0.03	6.89
2020	217.18	−6.5	0.03	5.93

资料来源：世界银行数据库。

注：冰岛国内生产总值占世界的比重根据世界银行数据库公布的各年度冰岛及世界的国内生产总值（现价美元）数据计算。

2. 货物贸易

冰岛货物贸易规模较小，总体保持增长态势。

2010年以来，冰岛货物贸易发展情况参见表1-8。由于进口增长速度明显快于出口，2013年后，冰岛货物贸易差额由顺差转变为逆差。2019年后，冰岛经济增长速度下降，贸易规模也因此有所萎缩。冰岛出口产品以农产品为主，约占其出口总额的47.3%，进口产品则以各类制成品为主。[①]

表1-8　2010—2020年冰岛货物贸易发展情况

单位：亿美元

年份	冰岛进口总额	冰岛出口总额	冰岛进出口总额	冰岛贸易差额
2010	39.14	46.03	85.17	6.89
2011	48.46	53.49	101.95	5.03
2012	47.72	50.63	98.35	2.91
2013	50.19	49.98	100.17	−0.21

———————

① 资料来源：世界贸易组织，*Trade Profiles 2021*。

年份	冰岛进口总额	冰岛出口总额	冰岛进出口总额	冰岛贸易差额
2014	53.72	50.51	104.23	-3.21
2015	52.85	47.22	100.07	-5.63
2016	57.03	44.50	101.53	-12.53
2017	69.71	48.83	118.54	-20.88
2018	76.86	55.61	132.47	-21.25
2019	65.79	52.28	118.07	-13.51
2020	56.97	45.80	102.77	-11.17

资料来源：联合国商品贸易统计数据库（UN Comtrade）冰岛报告数据。

3. 服务贸易

冰岛服务贸易规模经历了从扩张到萎缩的过程，总体规模较小。

如表1-9所示，2010—2018年，服务贸易进口规模增长了1倍，出口规模增长了1.2倍，增长速度快于进口。2019年后，受到宏观经济萎缩的影响，冰岛服务贸易数据出现下滑。2010—2020年，冰岛服务贸易始终保持顺差状态。冰岛主要服务贸易部门为旅行和运输服务，主要服务贸易伙伴为欧盟、英国和北美国家。

表1-9　2010—2020年冰岛服务贸易进出口情况

单位：亿美元

年份	服务总进口	服务贸易出口	进出口总额	贸易差额
2010	21.85	30.16	52.01	8.31
2011	25.95	34.53	60.48	8.58
2012	27.40	34.98	62.38	7.58
2013	28.18	39.85	68.03	11.67
2014	31.20	42.82	74.02	11.62
2015	28.41	43.51	71.92	15.1
2016	32.21	53.50	85.71	21.29
2017	37.70	63.25	100.95	25.55
2018	42.82	65.59	108.41	22.77
2019	36.31	56.55	92.86	20.24
2020	22.45	27.84	50.29	5.39

资料来源：根据世界贸易组织服务贸易数据库冰岛报告总服务数据整理计算。

4. 直接投资

冰岛直接投资流入及流出规模有限且波动显著。

表1-10为冰岛外商直接投资及对外直接投资情况。总体而言，2010—2020年，冰岛的直接投资流入及流出规模相对较小，在世界投资总规模中所占比重很低，各年度直接投资规模变化较为显著。

表1-10 2010—2020年冰岛外商直接投资及对外直接投资情况

年份	冰岛外商直接投资（流量）		冰岛对外直接投资（流量）	
	规模（亿美元）	在世界占比（%）	规模（亿美元）	在世界占比（%）
2010	2.45	0.018	−23.68	−0.170
2011	11.07	0.069	0.18	0.001
2012	10.25	0.069	−32.06	−0.245
2013	3.97	0.027	4.60	0.032
2014	4.47	0.032	−2.57	−0.019
2015	7.09	0.035	−0.31	−0.002
2016	−4.27	−0.021	−11.47	−0.071
2017	−0.41	−0.003	−2.08	−0.013
2018	−3.81	−0.027	0.76	0.009
2019	−3.02	−0.020	4.65	0.038
2020	−8.11	−0.081	−2.76	−0.037

资料来源：联合国贸易与发展会议数据库，https://unctadstat.unctad.org。

二、中国与冰岛双边货物贸易发展情况

中国与冰岛双边货物贸易规模总体增长迅速，2018年达到峰值，2019年受到冰岛国民经济增速明显放缓的影响，有明显下降，双边贸易也出现了逆差（见表1-11）。

中国与冰岛贸易在中国货物贸易总额中所占比重很低。但2014年中冰自贸协定生效后至2018年，上述比重总体有小幅度增长。2019年后受冰岛经济下行及新冠肺炎疫情等因素的影响，双边货物贸易规模出现连续下降，上述比

重也有所降低（见表1-12）。

表1-11 2010—2020年中国与冰岛双边货物贸易规模

单位：百万美元

年份	中国进口额	中国出口额	中国进出口总额	中国差额
2010	41.32	71.01	112.33	29.69
2011	75.60	76.58	152.18	0.98
2012	88.96	95.39	184.35	6.43
2013	75.80	146.64	222.44	70.84
2014	59.76	143.76	203.52	84.00
2015	66.07	125.02	191.09	58.95
2016	94.39	134.12	228.51	39.73
2017	110.09	111.83	221.92	1.74
2018	165.76	255.71	421.47	89.95
2019	142.63	113.07	255.70	−29.56
2020	104.59	100.89	205.48	−3.70

资料来源：UN Comtrade 数据库中国报告数据。

表1-12 2010—2020年中国与冰岛双边货物贸易在中国贸易总规模中所占比重

单位：%

年份	进口占比	出口占比	进出口占比
2010	0.0030	0.0045	0.0038
2011	0.0043	0.0040	0.0042
2012	0.0049	0.0047	0.0048
2013	0.0039	0.0066	0.0053
2014	0.0031	0.0061	0.0047
2015	0.0039	0.0055	0.0048
2016	0.0059	0.0064	0.0062
2017	0.0060	0.0049	0.0054
2018	0.0078	0.0103	0.0091
2019	0.0069	0.0045	0.0056
2020	0.0051	0.0039	0.0044

资料来源：根据 UN Comtrade 数据库中国报告数据计算。

2014年中冰自贸协定生效后，对华贸易在冰岛货物贸易中所占比重总体有所提升，详细情况参见表1-13。其中，从中国进口货物的占比高于对华出口的占比。2019年后，受冰岛经济下行及新冠肺炎疫情等因素的影响，冰岛自华进口占比有所波动；而冰岛对华出口在冰岛出口总额中所占比重则连续两年下降。

表1-13　2010—2020年冰岛与中国双边货物贸易在冰岛贸易总规模中所占比重

单位：%

年份	进口占比	出口占比	进出口占比
2010	6.02	0.61	3.10
2011	6.25	0.88	3.43
2012	7.16	1.21	4.09
2013	7.81	1.15	4.49
2014	7.40	0.81	4.21
2015	7.84	1.53	4.86
2016	7.35	2.05	5.03
2017	6.93	1.98	4.89
2018	8.85	2.60	6.23
2019	7.38	2.48	5.21
2020	8.44	1.98	5.56

资料来源：根据 UN Comtrade 数据库冰岛报告数据计算。

中国对冰岛出口主要以各类制成品为主。如表1-14所示，2020年，中国对冰岛出口的前5类主要货物包括：第16类机电产品，[①] 第20类杂项制品，第11类纺织原料及纺织制品，第7类塑料及其制品、橡胶及其制品，以及第15类贱金属及其制品。其中，机电产品的出口在中国对冰岛出口总额中所占比重超过3成。表1-15为中国统计的2010年及2020年中国对冰岛出口货值前10章的产品名录。

---

① 根据国务院关税税则委员会编制的《中华人民共和国进出口税则（2020）》，第16类产品全称为机器、机械器具、电气设备及其零件；录音机及放声机，电视图像，声音的录制和重放设备及其零件、附件。本书简称之为机电产品。

表1–14　2020年中国对冰岛出口主要商品构成情况

海关分类	HS 编码（章）	商品类别	金额（百万美元）	占比（%）
第 16 类	84–85	机电产品	33.25	32.95
第 20 类	94–96	杂项制品	12.79	12.68
第 11 类	50–63	纺织原料及纺织制品	11.74	11.63
第 7 类	39–40	塑料及其制品、橡胶及其制品	8.98	8.91
第 15 类	72–83	贱金属及其制品	8.82	8.74

资料来源：根据 UN Comtrade 数据库中国报告数据计算整理。

表1–15　2010年及2020年中国对冰岛出口货值前10章商品（HS 2位税号[①]）

2010年				2020年			
HS 编码（章）	商品名称	出口值（百万美元）	在中国对冰岛出口总额中占比（%）	HS 编码（章）	商品名称	出口值（百万美元）	在中国对冰岛出口总额中占比（%）
85	电机、电气设备及其零件；录音机及放声机，电视图像，声音的录制和重放设备及其零件、附件	24.53	34.54	85	电机、电气设备及其零件；录音机及放声机，电视图像，声音的录制和重放设备及其零件、附件	17.43	17.28
73	钢铁制品	7.03	9.90	84	核反应堆、锅炉、机器、机械器具及其零件	15.81	15.68
81	其他贱金属、金属陶瓷及其制品	5.46	7.69	94	家具；寝具、褥垫、弹簧床垫、软坐垫及类似的填充制品；未列名灯具及照明装置；发光标志、发光铭牌及其类似品；活动房屋	8.99	8.91

[①] HS 税号是指《商品名称及编码协调制度》中的商品税号，是货物贸易统计经常采用的一种产品归类方法。2位税号为各章产品的编码。

2010年				2020年			
HS 编码（章）	商品名称	出口值（百万美元）	在中国对冰岛出口总额中占比（%）	HS 编码（章）	商品名称	出口值（百万美元）	在中国对冰岛出口总额中占比（%）
84	核反应堆、锅炉、机器、机械器具及其零件	4.13	5.82	87	车辆及其零件、附件，但铁道或电车道车辆除外	6.11	6.06
94	家具；寝具、褥垫、弹簧床垫、软坐垫及类似的填充制品；未列名灯具及照明装置；发光标志、发光铭牌及类似品；活动房屋	3.74	5.26	62	非针织或非钩编的服装及衣着附件	5.30	5.25
70	玻璃及其制品	2.65	3.73	40	橡胶及其制品	4.63	4.59
62	非针织或非钩编的服装及衣着附件	2.45	3.45	63	其他纺织制成品；成套物品；旧衣着及旧纺织品；碎织物	4.57	4.53
63	其他纺织制成品；成套物品；旧衣着及旧纺织品；碎织物	2.24	3.16	39	塑料及其制品	4.36	4.32
87	车辆及其零件、附件，但铁道或电车道车辆除外	2.13	3.00	90	光学、照相、电影、计量、检验、医疗或外科用仪器及设备、精密仪器及设备；上述物品的零件、附件	3.95	3.91
28	无机化学品；贵金属、稀土金属、放射性元素及其同位素的有机及无机化合物	2.05	2.89	95	玩具、游戏品、运动用品及其零件、附件	3.56	3.53
合计		56.41	79.44	合计		74.71	74.05

资料来源：根据 UN Comtrade 数据库中国报告数据计算。

鱼类产品是中国自冰岛进口最为主要的产品类别。如表1-16所示，2020年，中国自冰岛进口第1位的产品类别为第1类活动物，动物产品，其进口金额约占中国自冰岛进口总额的7成。而根据表1-17中国的统计，其中主要产品为第3章的产品，即鱼、甲壳动物、软体动物及其他水生无脊椎动物。中国自冰岛进口的其他主要类别产品还包括第15类贱金属及其制品，第3类动、植物油、脂，[①] 第6类化学工业及其相关工业的产品以及第18类光学、钟表、医疗设备。[②]

表1-16　2020年中国自冰岛进口主要商品构成情况

海关分类	HS 编码（章）	商品类别	金额（百万美元）	在中国自冰岛进口总额中占比（%）
第1类	01-05	活动物；动物产品	75.09	71.8
第15类	72-83	贱金属及其制品	14.92	14.27
第3类	15	动、植物油、脂	4.32	4.13
第6类	28-38	化学工业及其相关工业的产品	3.59	3.43
第18类	90-92	光学、钟表、医疗设备	3.57	3.41

资料来源：根据 UN Comtrade 数据库中国报告数据计算整理。

表1-17　2010年及2020年中国自冰岛进口货值前10章商品（HS 2位税号）

2010年				2020年			
HS 编码（章）	商品名称	进口值（百万美元）	在中国自冰岛进口总额中占比（%）	HS 编码（章）	商品名称	进口值（百万美元）	在中国自冰岛进口总额中占比（%）
3	鱼、甲壳动物、软体动物及其他水生无脊椎动物	28.17	68.18	3	鱼、甲壳动物、软体动物及其他水生无脊椎动物	74.72	71.44
76	铝及其制品	7.38	17.86	76	铝及其制品	14.91	14.26
15	动、植物油、脂及其分解产品；精制的食用油脂；动、植物蜡	1.43	3.45	15	动、植物油、脂及其分解产品；精制的食用油脂；动、植物蜡	4.32	4.13

① 根据国务院关税税则委员会编制的《中华人民共和国进出口税则（2020）》，第3类产品全称为动、植物油、脂及其分解产品；精致的食用油脂；动、植物蜡。本书简称之为动植物油脂。

② 根据国务院关税税则委员会编制的《中华人民共和国进出口税则（2020）》，第18类产品全称为光学、照相、电影、计量、检验、医疗或外科用仪器及设备、精密仪器及设备；钟表；乐器；上述物品的零件、附件。本书简称之为光学、钟表、医疗设备。

2010年				2020年			
HS编码（章）	商品名称	进口值（百万美元）	在中国自冰岛进口总额中占比（%）	HS编码（章）	商品名称	进口值（百万美元）	在中国自冰岛进口总额中占比（%）
38	杂项化学产品	1.29	3.11	90	光学、照相、电影、计量、检验、医疗或外科用仪器及设备、精密仪器及设备；上述物品的零件、附件	3.57	3.41
72	钢铁	0.73	1.77	33	精油及香膏；芳香料制品及化妆盥洗品	3.50	3.35
39	塑料及其制品	0.61	1.48	84	核反应堆、锅炉、机器、机械器具及其零件	1.34	1.28
84	核反应堆、锅炉、机器、机械器具及其零件	0.48	1.15	22	饮料、酒及醋	0.42	0.41
85	电机、电气设备及其零件；录音机及放声机，电视图像，声音的录制和重放设备及其零件、附件	0.44	1.06	41	生皮（毛皮除外）及皮革	0.30	0.28
5	其他动物产品	0.27	0.65	5	其他动物产品	0.21	0.20
90	光学、照相、电影、计量、检验、医疗或外科用仪器及设备、精密仪器及设备；上述物品的零件、附件	0.17	0.42	85	电机、电气设备及其零件；录音机及放声机，电视图像，声音的录制和重放设备及其零件、附件	0.19	0.18
合计		40.96	99.14	合计		103.48	98.93

资料来源：根据 UN Comtrade 数据库中国报告数据计算。

三、中国与冰岛双边服务贸易发展情况

中国与冰岛双边服务贸易规模较小，近年来中国服务进口增长较为显著。

如表1-18所示，2010—2019年，中国与冰岛之间的服务进口及出口规模均保持增长态势，且中国服务进口增长速度快于服务出口。旅行服务进口的

快速增长是引起中国自冰岛服务进口总额增长的主要原因。中国在双边服务贸易中处于逆差地位，并且逆差规模有扩大趋势。

表1-18 2010—2019年中国对冰岛服务贸易进出口情况

单位：亿美元

年份	中国进口额	中国出口额	中国进出口总额	中国贸易差额
2010	0.49	0.36	0.85	−0.13
2011	0.73	0.40	1.13	−0.33
2012	0.85	0.43	1.28	−0.42
2013	0.90	0.52	1.42	−0.38
2014	0.99	0.55	1.54	−0.44
2015	1.07	0.52	1.59	−0.55
2016	1.29	0.55	1.84	−0.74
2017	1.38	0.55	1.93	−0.83
2018	1.44	0.67	2.11	−0.77
2019	1.43	0.71	2.14	−0.72

资料来源：根据世界贸易组织服务贸易数据库中国报告的总服务数据（包括估值）整理计算。

四、中国和冰岛双边直接投资发展情况

近年来，中国的对外直接投资规模迅速扩张，引进外商直接投资规模也保持增长势头。冰岛的直接投资流入及流出规模相对较小，中国与冰岛之间的双边直接投资的机会有限。随着中冰自贸协定生效及落实后双边经贸关系的不断增强，未来中冰之间的直接投资机会会不断增加。

第二节　中国—冰岛自由贸易区谈判及建设进程

中国—冰岛自由贸易区的谈判和建设是中国应对21世纪世界和地区经济合作形势变化的重要举措，同时也是中国深化改革开放进程的客观要求，是中国实施自由贸易区战略的重要成果之一。中国—冰岛自由贸易区的谈判和建设，为中国与欧洲国家开展自由贸易协定谈判创造了良好开端，在促进中国贸易投资发展等方面具有重要的现实意义。同时，自由贸易区的建设为中国企业深度参与双边贸易投资等创造了更多的机遇。

一、中国—冰岛自由贸易区谈判及建设的宏观背景及重要意义

（一）宏观背景

第一，全球范围内自由贸易协定谈判趋势增强是重要的外部动因。

21世纪初，世界贸易组织多哈回合贸易谈判进展缓慢，无法满足全球经济发展需求，部分经济体开始加快区域及双边自由贸易区建设，以提高贸易投资自由化速度。因此，全球范围内自由贸易协定谈判及签署数量大幅度提升。中国和冰岛两国均对自由贸易区建设予以高度关注，并积极参与。

第二，中国经济贸易的飞速发展及深化改革开放的需要是重要的内部动因。

进入21世纪以来，中国经济发展举世瞩目，全球影响力不断增强。经济领域的飞速发展对中国的相关经济政策改革提出了新的要求。中国致力于在贸易及投资等诸多领域全面深化改革开放，为经济活动创造更加良好的政策环境。与冰岛等发达经济体开展自由贸易谈判，有利于为深化改革开放进程注入新的动力。

第三，中国开展自由贸易区建设的成果坚定了冰岛与中国进行自由贸易谈判的决心。

中国庞大的国内市场对冰岛具有强烈的吸引力。中国与东盟、新西兰等国家和地区的自由贸易区建设实践不断取得重大进展，向世界展示了中国深

化改革开放、促进贸易投资自由化的决心。因此，冰岛等部分欧洲国家重新审视中国市场经济建设情况，并坚定了与中国开展自由贸易谈判的决心。

（二）重要意义

中冰自贸协定是中国与欧洲国家签署的第一个自由贸易协定，也是中国当时对外达成的最高水平、最为全面的自由贸易协定之一。协定的签署具有重大意义。

就地区及双边合作而言，中冰自贸协定有利于进一步深化中冰乃至中欧的经贸合作。

中国和冰岛之间的产业结构和贸易结构互补性强，双方合作潜力大。中冰自贸协定的达成，进一步深化了双方经贸合作。同时，冰岛是欧洲自由贸易联盟重要成员，与欧盟成员国建立了自由贸易关系，对整个欧洲市场有一定的辐射作用。中冰自贸协定的实施不仅大大提升了中冰双边经贸关系，还进一步密切了中国与其他欧洲国家的经贸合作，对其他欧洲国家产生明显的示范效应，带动中欧经贸关系加速发展。

在中国的对外经济战略实践领域，协定对中国在全球范围内布局和实施自由贸易区战略具有重要开拓意义。

党的十八大提出要加快实施自由贸易区战略。党的十八届三中全会提出以周边为基础加快实施自由贸易区战略，形成面向全球的高标准自由贸易区网络。在此期间，中国与冰岛正式签署高质量、宽领域的自由贸易协定，标志着中国的自由贸易区战略在欧洲取得重要突破，有助于中国与其他欧洲国家商签自由贸易协定的工作更快取得实质性进展和突破，对中国与其他区域开展贸易合作也发挥了重要的示范带动作用。

在促进经济发展方面，中冰自贸协定对两国均具有很好的推动作用。

中冰自贸协定签署之初，全球经济低速增长，贸易保护主义有所抬头。中冰自贸协定体现了中国政府将继续扩大开放、坚决反对贸易保护主义的意愿，表明了中国以更加开放的姿态参与国际竞争与合作的信心和决心，为世界经济发展注入了新的动力。中冰自贸协定涉及货物贸易、服务贸易、投资等诸多领域,有助于促进两国经济增长和创造就业,并进一步拓展双方在能源、食品、造船等领域的合作空间。特别是在服务贸易和投资领域,中冰自贸协定降低了双边贸易和投资往来的门槛,确立了更加开放、便利和规范的制度安排。双方企业可以此为契机,在旅游、渔业、环境保护、航运和地热开发等领域进一步开展务实合作,促进两国经济的共同繁荣。

二、中国—冰岛自由贸易区的谈判及建设历程

2005年5月,中国与冰岛签署《关于加强中冰经贸合作的谅解备忘录》,冰岛在欧洲国家中率先承认中国市场经济地位,双方决定启动建立中冰自贸区的可行性研究。2006年12月,双方签署《中华人民共和国商务部和冰岛共和国外交部关于启动中华人民共和国与冰岛共和国自由贸易协定谈判的议定书》,中冰自贸协定谈判正式启动。[①] 谈判具体情况参见表1-19。

表1-19　中冰自贸协定谈判情况

时间	轮次	谈判内容
2007年4月11—12日	1	降税模式、原产地规则、卫生和植物卫生措施、技术性贸易壁垒、服务贸易等
2007年6月22—23日	2	货物贸易、服务贸易、投资、经济合作等
2007年10月17—18日	3	协定文本、货物贸易、服务贸易、投资等
2008年4月28—30日	4	货物贸易、服务贸易、投资、经济合作及协定文本等
2012年12月18—20日	5	货物贸易、服务贸易、投资、原产地规则、海关程序、贸易便利化、卫生和植物卫生措施、技术性贸易壁垒、法律事项、知识产权、竞争政策、贸易救济、政府采购等
2013年1月22—24日	6	货物贸易、服务贸易、投资以及其他领域的遗留问题;宣布结束实质性谈判

2013年4月15日,中国与冰岛正式签署自由贸易协定。[②] 2014年5月20

---

① 中国驻冰岛大使馆经济商务处:http://is.mofcom.gov.cn/article/zxhz/tjsj/201905/20190502859609.shtml。

② 中国自由贸易区服务网:http://fta.mofcom.gov.cn/article/chinaiceland/chinaicelandgfguandian/201508/27569_1.html。

日，中国与冰岛政府在北京互换了中冰自贸协定的生效照会。[①] 按照生效条款有关规定，中冰自贸协定于2014年7月1日正式生效。目前，中国和冰岛正在贸易、投资以及其他各领域全面落实协定中的各项承诺，积极推进自由贸易区建设。

三、中冰自贸协定的主要内容

中冰自贸协定包括正文部分和9个附件。正文部分除序言以外共12章，分别是一般条款、货物贸易、原产地规则、海关手续与贸易便利化、竞争、知识产权、服务贸易、投资、合作、机制条款、争端解决以及最终条款。中冰自贸协定的主要内容参见表1-20。

表1-20　中冰自贸协定的主要内容

章节		主要条款
正文	序言	
	第一章 一般条款	自由贸易区的建立、目标、地理适用范围、与其他协定的关系
	第二章 货物贸易	范围、国民待遇、关税的取消、进出口限制、行政费用及手续、农产品出口补贴、一般例外、重大安全、税收措施、保障国际收支的措施、反补贴措施、反倾销、全球保障措施、双边保障措施、卫生与植物卫生措施、技术性贸易壁垒
	第三章 原产地规则	第一节 原产地规则 第二节 操作程序
	第四章 海关手续与贸易便利化	总则、合作、透明度、预裁定、海关估价、税则归类、简化海关手续、风险管理、信息技术的应用、经认证的经营者、货物的暂时进口、复议与诉讼、边境部门合作、保密、磋商、定义
	第五章 竞争	竞争规则
	第六章 知识产权	总则、国际公约、合作与信息交流、对话与审议

[①] 中国自由贸易区服务网：http://fta.mofcom.gov.cn/article/chinaiceland/chinaiclandnews/201609/ 33304_1.html。

续　表

章节		主要条款
正文	第七章 服务贸易	范围和覆盖领域、《服务贸易总协定》条款的纳入、定义、市场准入、国民待遇、附加承诺、国内规制、承认、自然人移动、垄断和专营服务提供者、商业惯例、保障措施、金融服务、支付与转移、国际收支保障措施的限制、例外、补贴、具体承诺减让表、具体承诺减让表的修改、透明度、机密信息的披露、审议、利益的拒绝给予
	第八章 投资	目标、信息交流、双边投资协定
	第九章 合作	总体目标；经济合作；研究、科学和技术合作；劳动和环境保护；发展合作；教育；政府采购；合作机制；争端解决
	第十章 机制条款	建立中国—冰岛自由贸易协定联合委员会、自由贸易协定联合委员会的职能、自由贸易协定联合委员会的会议
	第十一章 争端解决	合作、适用范围、争端解决场所的选择、磋商、仲裁小组的设立、仲裁小组的组成、仲裁小组的职能、仲裁小组的程序规则、撤销投诉、程序的中止或终止、初步报告、最终报告、仲裁小组报告的执行、合理期限、实施措施的一致性审查、减让和义务的中止、中止后的程序、私人权利
	第十二章 最终条款	透明度、保密信息、附件、修改、《世界贸易组织协定》的修改、生效和终止、正式文本
附件	附件 1	关税减让表
	附件 2	主管机构和卫生与植物卫生联系人
	附件 3	主管机构和技术性贸易壁垒联系人
	附件 4	产品特定原产地规则
	附件 5	原产地证书
	附件 6	原产地证书声明
	附件 7	服务贸易具体承诺减让表
	附件 8	提供服务的自然人移动
	附件 9	仲裁小组程序规则

综上所述，中冰自贸协定的签署和实施具有重要的战略意义。这是一项高质量和全面综合的自由贸易协定，对双边经贸关系发展具有深刻且长远的影响。同时，该协定的实施也将在货物贸易、服务贸易、投资及合作等多个领域为中国企业创造可观的市场机会。各企业应把握机遇，对协定各项相关措施的落实予以高度重视。

第二章

《中国—冰岛自由贸易协定》的
货物贸易

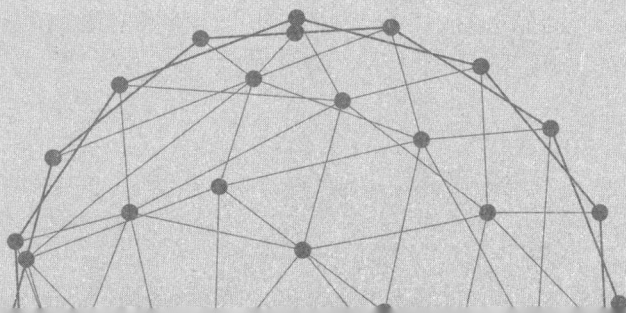

中冰自贸协定是中国同欧洲国家签署的第一个自由贸易协定，为中国后续与其他欧洲国家商签自由贸易协定提供了良好范例。中冰自贸协定第二章货物贸易及附件1关税减让表所制定的货物贸易市场准入规则是协定中的核心内容。通过有序的市场准入安排，协定的优惠政策为两国企业带来了利好，创造了更多市场机会。通过阅读本章，有助于企业了解以下与自由贸易协定相关的主要问题：

1. 企业应如何理解中冰自贸协定的总体关税优惠水平及其可能给企业带来的优惠幅度？

2. 企业应如何使用中冰自贸协定中的关税减让表？

3. 中国和冰岛两国是如何分别进行关税减让安排的？

4. 目前，中国和冰岛两国各类货物的关税优惠幅度有多大？

5. 中国的进口和出口企业应如何利用协定关税优惠寻找新的商机？

第一节 货物贸易的规则解读

中冰自贸协定中的货物贸易规则既包括相互给予国民待遇、取消关税和非关税措施等总体规则，也涵盖了各类货物的关税减让安排等详细措施。企业可结合协定正文中的第二章货物贸易以及附件中两国的关税减让表，详细了解相关规定。

一、货物贸易的总体规则

（一）相互承诺给予国民待遇，并取消关税

根据世界贸易组织的有关规则，中冰两国在协定中相互承诺给予另一方的货物国民待遇。国民待遇是世界贸易组织的重要原则之一。根据该原则，中冰自贸协定一缔约方的产品在进入另一缔约方市场后，在进口国国内税收、销售、运输等诸多领域享有与国内产品同等的待遇。双方同时承诺，除非协定另有规定，否则任何一方不得对另一方的货物提高任何现存关税或新增任何进口关税。双方按照各自关税减让表的规定逐步取消其对另一方原产货物的关税。中冰自贸协定同时允许双方经协商后，加速取消关税。

（二）遵守世界贸易组织相关规则

中冰自贸协定在进出口限制、农产品出口补贴等问题上，继续遵守世界贸易组织相关规定，并将其条款直接纳入协定，构成协定的一部分。

二、企业如何理解中冰自贸协定的货物贸易优惠水平

（一）最惠国关税和协定优惠关税的税率差异决定了每一类产品的受惠程度

最惠国关税税率（也称 MFN 关税税率）是指世界贸易组织各成员对原产于另一成员的进口产品征收关税的税率水平。而协定优惠关税税率是指自由贸易协定的某一缔约方对原产于另一缔约方的进口产品征收的关税。协定优惠关税税率通常要低于最惠国关税税率。对每一种产品而言，上述两种关税税率水平差异越大，则说明自由贸易协定的关税减让幅度越大，从事此类产品贸易的企业也就越有机会从协定中受益。本节第四部分详细阐述了中冰两国最惠国关税税率总体情况，而本章第二节和第三节则分别介绍了中冰自贸协定中两国对每一类产品所征收的协定优惠关税情况。通过上述两部分内容的对比，企业可以清晰地了解协定所能带来的优惠。

（二）参与关税减让的产品范围决定了协定的总体优惠水平

自由贸易协定关税减让所覆盖的产品范围也是企业应关注的问题。自由贸易协定双方都会列有明确的关税减让表。减让表中，参与协定下关税减让的货物数量越多，则协定的优惠水平越高。自由贸易协定关税优惠的覆盖率通常有两种衡量方式。一种是以参与关税减让的税目数量占某缔约方全部税目数量的比重为标准；而另一种则以贸易金额为统计对象，测算全部双边贸易额中，根据协定实施零关税进口的货物贸易金额所占的比重。两种测算结果越高，则代表所签署的自由贸易协定的总体优惠水平越高。中冰自贸区建成后，双方最终实现零关税的产品，按税目数衡量均接近96%，按贸易量衡量均接近100%。[①]

---

① 中国自由贸易区服务网援引自商务部新闻办公室：《中华人民共和国政府和冰岛政府自由贸易协定》在北京签署，http://fta.mofcom.gov.cn/article/chinaiceland/chinaiclandnews/201304/11995_1.html。

三、如何获取中冰自贸协定进出口货物优惠关税税率

(一)中冰关税减让表基本形式

关税减让表是企业了解每一类别产品所适用协定优惠关税水平的重要文件。中冰自贸协定附件1即为中冰两国的具体关税减让表。其中冰岛关税减让表示例参见表2-1,中国关税减让表示例参见表2-2。

表2-1 中冰自贸协定冰岛关税减让表示例

HS 编码	商品描述	最惠国税率		对中国适用的税率 (% / pr. kg)
		从价税 (%) 基础税率	从量税冰岛克朗/千克 (冰岛克朗/件) 基础税率	
0101	马、驴、骡:			
	– 马:			
01012100	-- 改良种用动物	0		A
	-- 其他:			
01012901	--- 乘用马	0		A
01012909	--- 其他	0		A
01013000	– 驴	0		A
01019000	– 其他	0		A
0102	牛:			
	– 家牛			
01022100	-- 改良种用动物	0		A
01022900	-- 其他:	0		A
	水牛:			
01023100	-- 改良种用动物	0		A
01023900	-- 其他	0		A
01029000	– 其他	0		A

表2-2　中冰自贸协定中国关税减让表示例

HS 编码	商品名称	2012年税率（%）	最终出价
01012100	改良种用马	0	A
01012900	其他马	10	A
01013010	改良种用驴	0	A
01019000	骡	10	A

（二）关税减让表由哪些要素构成

如表2-1及表2-2所示，中国和冰岛的关税减让表均包括以下几项内容：协调制度编码（2012年版）、货品名称、最惠国关税税率、给予协定伙伴国的关税税率。

协调制度编码是指《商品名称及编码协调制度》（简称"协调制度"，又称"HS"）中的商品编码，是在原海关合作理事会商品分类目录和国际贸易标准分类目录的基础上，协调国际上多种商品分类目录而制定的一部国际贸易商品分类目录，目前广泛应用于海关监管、海关征税及海关统计。协调制度编码的前6位为世界统一制定，各国自行制定第7位和第8位编码。企业在使用时需要注意，中冰两国均采用8位编码，但分类方式并不相同，因此即使两国的8位编码相同，代表的具体货品也并不一致，需要根据货品特征分别进行查询。

货品名称是各国针对每一协调制度8位编码做出的货品特征的具体描述。

最惠国关税税率是指中冰自贸协定生效之前两国对每一类别货品征收的最惠国关税税率。最惠国关税税率是自由贸易协定关税减让的起点。中冰两国均以2012年1月1日的最惠国关税税率作为关税减让的基础税率。需要注意的是，冰岛对部分产品实施复合关税，即在征收从价关税的同时还要征收一定数量的从量税。[①]因此，冰岛的最惠国关税税率中包括两栏，分别为按照进口产品单位价格百分比征收的从价关税税率，以及对每单位进口产品征收

---

① 从价税即海关根据进口产品完税价格的一定百分比计算征收的关税；从量税即海关以重量、体积等计量方法为课税标准，对每单位货物征收一定金额的进口关税，如每公斤货物征收1冰岛克朗从量关税。

的一定金额的从量关税税率。从量关税计价单位为冰岛克朗。

给予协定伙伴国的关税税率是中冰两国根据自由贸易协定谈判结果，给予对方的协定优惠关税税率，也就是两国企业在贸易实践中，在取得规定的原产地证明后，所适用的实际税率。根据两国关税减让周期和方式的不同，两国减让表在此项的标注内容有所差异。冰岛关税减让表中，对中国的关税税率分为3种情况，即A类、D类和关税税率不超过65%的产品。中国的关税减让表中，对冰岛的关税税率分为A、B、C、D 4种情况，具体代表的含义参见本节第五部分中冰自贸协定关税减让总体安排及特点的相关内容。目前，冰岛减让表中的A类产品以及中国减让表中的A类和B类产品均已实现零关税进口。

（三）企业如何获取关税减让表

从事中冰双边货物贸易的企业，可通过中国自由贸易区服务网（http://fta.mofcom.gov.cn/）及中国国际贸易促进委员会FTA服务网（http://www.ccpit-fta.com）中的"权威资料"专栏获取上述中冰自贸协定两国关税减让表，并根据所从事贸易的具体产品特征查询该产品所适用的协调制度编码、最惠国关税税率以及适用的关税减让类别等信息，并据此判断可获得的协定下关税优惠幅度。

四、自由贸易协定关税减让的起点：中冰两国最惠国关税税率情况

（一）对照最惠国关税，深入了解协定的关税优惠幅度

企业要想了解中冰自贸协定关于货物贸易的关税减让情况，应首先了解中冰两国最惠国关税税率水平。最惠国关税税率是世界贸易组织成员之间实施的关税税率。通过对比该税率水平与协定中的优惠关税水平，可以更好地了解自由贸易协定所带来的税收优惠幅度，也更加有利于促进企业积极地申请协定下的优惠原产地证明，提高自由贸易协定的利用效率。

（二）协定生效前两国最惠国关税情况

冰岛对动物产品、奶类产品等部分农产品的贸易保护水平相对较高。根据世界贸易组织的统计，2014年，冰岛全部产品简单平均最惠国实际关税水平为5.3%，其中农产品为23%，非农产品为2.3%。冰岛采取的是复合关税，在征收一定比例的从价税的同时，还会对每单位进口货物征收一定数额的从量关税。世界贸易组织在进行平均关税水平统计时，考虑到从量关税的影响，已经将其进行了适当的折算，转化为从价关税税率。在冰岛全部产品中，有75.1%的HS6位税目实现了零关税进口，其中，有64%的农产品税目和76.9%的非农产品税目的最惠国关税税率为零。农产品中，有35.1%的税目实行了关税配额，41.5%的税目制定了特别保障措施。

2014年，中国全部产品简单平均最惠国实际关税水平为9.6%，其中农产品为15.2%，非农产品为8.6%。全部产品中，有7.9%的HS6位税目实现了零关税进口，其中，有7.5%的农产品税目和7.9%的非农产品税目的最惠国关税税率为零。

（三）当前两国最惠国关税情况

2019年，冰岛全部产品平均最惠国实际关税水平为3.1%，其中农产品为21.9%，显著高于同期中国农产品的平均关税水平，非农产品为0.1%。有66%的农产品税目和99.1%的非农产品税目的最惠国关税税率为零。农产品中，有35.2%的税目实行关税配额管理，有41.5%的税目实行特别保障措施管理，与2014年的情况基本持平。[①] 2014年和2020年，冰岛各主要产品类别的最惠国实际关税情况参见表2-3。

2020年，中国全部产品平均最惠国实际关税水平为7.5%，其中农产品为13.8%，非农产品为6.5%。有7.2%的农产品税目和8.5%的非农产品税目的最惠国关税税率为零。[②] 2014年和2020年，中国各主要产品类别的最惠国实际关税

---

① 本段数据来源于世界贸易组织 *World Tariff Profiles 2021*，因冰岛未对上述数据进行更新，只进行了修正，故仍为2019年数据。

② 资料来源：世界贸易组织，*World Tariff Profiles 2021*。

情况参见表2-4。

表2-3　2014年和2020年冰岛各主要产品类别的最惠国实际关税情况

单位：%

商品类别	2014年			2020年		
	平均关税水平	零关税税目在全部税目中的占比	最高关税水平	平均关税水平	零关税税目在全部税目中的占比	最高关税水平
动物产品	73.2	30.8	393	72.5	30.8	325
奶类产品	87.2	0	233	99.6	1.6	419
水果、蔬菜和植物	17.0	67.7	470	13.0	68.4	469
咖啡和茶	6.5	63.7	39	6.3	63.7	37
谷物及其制品	19.7	57.6	152	19.5	58.0	185
油籽、油脂	7.2	86.3	55	7.2	86.3	55
糖类及其制品	4.8	84.6	55	4.8	84.6	55
饮料和烟草	7.7	61.0	49	7.7	60.8	49
棉花	0.0	100.0	0	0.0	100.0	0
其他农产品	4.4	82.9	55	4.0	92.5	55
鱼和鱼类产品	1.8	82.0	10	1.6	83.8	10
矿产和金属	1.2	86.6	15	0.0	100.0	0
石油	0.1	97.0	5	0.0	100.0	0
化学品	1.0	85.9	20	0.0	100.0	0
木材、纸类等	2.5	70.2	15	0.0	100.0	0
纺织品	1.4	85.3	15	0.0	100.0	0
服装	14.5	0.9	15	0.0	100.0	0
皮革、鞋类等	5.9	41.7	15	0.0	100.0	0
非电气机械	0.7	90.5	10	0.0	100.0	0
电气机械	2.1	73.1	10	0.0	100.0	0
运输设备	2.0	78.3	15	0.0	100.0	0
别处未列明的制成品	3.4	63.9	15	0.0	100.0	0

资料来源：世界贸易组织，*World Tariff Profiles 2015*，*World Tariff Profiles 2021*。

表2-4 2014年和2020年中国各主要产品类别的最惠国实际关税情况

单位：%

商品类别	2014年			2020年		
	平均关税水平	零关税税目在全部税目中的占比	最高关税水平	平均关税水平	零关税税目在全部税目中的占比	最高关税水平
动物产品	14.1	14.2	25	13.2	13.8	25
奶类产品	12.1	0	20	12.3	0	20
水果、蔬菜和植物	14.6	5.4	30	12.2	4.9	30
咖啡和茶	14.7	0	32	12.3	0	30
谷物及其制品	22.6	8.8	65	19.5	8.8	65
油籽、油脂	10.4	9.1	30	10.9	9.1	30
糖类及其制品	28.7	0	50	28.7	0	50
饮料和烟草	22.8	2.1	65	18.2	2.0	65
棉花	18.0	10.0	40	22.0	0	40
其他农产品	11.2	8.5	38	11.8	8.5	38
鱼和鱼类产品	10.5	5.0	23	7.2	4.4	15
矿产和金属	7.2	9.5	50	6.3	5.9	50
石油	4.5	21.1	9	5.3	16.7	9
化学品	6.5	1.5	47	6.2	2.0	47
木材、纸类等	4.3	36.2	20	3.2	41.0	12
纺织品	9.5	0	38	7.0	0	38
服装	16.0	0	25	6.8	0	12
皮革、鞋类等	12.8	0.6	25	10.6	0.6	25
非电气机械	7.8	9.6	35	6.8	10.3	25
电气机械	8.1	24.7	35	5.6	30.1	20
运输设备	11.3	0.8	45	9.6	0.8	45
别处未列明的制成品	11.6	10.4	35	6.7	16.0	20

资料来源：世界贸易组织，*World Tariff Profiles 2015*，*World Tariff Profiles 2021*。

五、中冰自贸协定关税减让总体安排及特点

（一）关税减让总体特点：范围广，幅度大，有保留

关税减让是自由贸易协定中货物贸易市场准入安排的核心内容。各自由贸易协定均会根据成员间货物贸易状况、现行关税水平、内部产业部门承受能力等因素对关税减让范围、减让方式、减让周期及最终减让水平等做出详细安排。根据中冰自贸协定规定，冰岛自协定生效之日起，对从中国进口的所有工业品和水产品实施零关税，这些产品占中国向冰岛出口总额的99.77%；与此同时，中国对从冰岛进口的7830个税号产品实施零关税，这些产品占中方自冰岛进口总额的81.56%，其中包括冰岛盛产的水产品。[①] 中冰双方均选择了部分产品没有参加关税减让，维持最惠国关税税率，例如，冰岛的部分动物产品；中国的部分木材和纸类产品等。此外，冰岛将少数来自中国的原产产品的关税降至65%以下，而没有完全降至零关税。

（二）冰岛的关税减让安排：制成品贸易已完全自由化，农产品有保留

根据冰岛关税减让表的规定，冰岛以2012年1月1日有效的本国最惠国关税税率作为基础税率进行减让。冰岛对原产于中国的进口产品的关税减让分为以下两种情况。

A 类产品：在协定生效时立即免除原产于中国的进口产品的关税；

D 类产品：作为例外产品不参与协定下的关税减让；

关税税率不超过65%的产品：对原产于中国的产品征收不超过65%的关税。

此外，在冰岛的关税减让表中，有少部分产品保留复合关税管理，表现为x/y的形式，其中 x 表示对原产于中国的产品征收的从价关税，而 y 表示对原产于中国的产品征收的特别关税即从量税。

---

① 中国自由贸易区服务网援引自商务部新闻办公室：《中华人民共和国政府和冰岛政府自由贸易协定》在北京签署，http://fta.mofcom.gov.cn/article/chinaiceland/chinaiclandnews/201304/11995_1.html。

（三）中国的关税减让安排：分步骤有序降税

中国关税减税表对中国的关税减让安排做出了详细的阐述。中国对原产于冰岛的进口产品的关税减让分为以下4种情况。

A类产品：在协定生效之时立即取消原产于冰岛的此类产品的进口关税；

B类产品：中国将分5年取消原产于冰岛的此类产品的进口关税，在第6年开始时对此类产品实行零关税进口；

C类产品：中国将分10年取消原产于冰岛的此类产品的进口关税，在第11年开始时对此类产品实行零关税进口；

D类产品：中国将原产于冰岛的此类产品列为关税减让的例外产品，不进行协定下的关税减让。

第二节　冰岛给予中国的货物贸易自由化政策措施

截至2020年12月，本书采用世界贸易组织关税统计所使用的产品分类方式，对中国和冰岛各类主要货物的关税优惠情况进行详细介绍。详细的产品分类方式及每一类别产品具体包括的税号请参见本章附录。企业可根据所经营产品类别对照查询，了解目前的最惠国和协定优惠关税水平，充分利用自由贸易协定所带来的实惠。

一、农产品的关税减让安排

（一）动物产品：部分产品不参与关税减让

2020年，冰岛全部动物产品平均最惠国关税税率为72.5%，零关税税目占比约为30.8%，贸易自由化水平显著低于中国。根据冰岛关税减让表的规定，在协定生效时，冰岛已将原产于中国的 HS 第01章的全部产品的关税降至零，为中方带来了优惠。而将原产于中国的第02章的全部动物产品以及

HS 编码为 1601-1602 的产品全部列为关税减让的例外产品，其中绝大部分产品保持最惠国税率，少数产品（02085000-02089011）规定最终优惠关税税率不超过65%。具体情况参见表2-5。

表2-5 截至2020年底冰岛尚未实现零关税进口的中国动物产品名录

HS 编码	商品描述	最惠国税率		对中国适用的税率（% / pr. kg）
		从价税（%）基础税率	从量税冰岛克朗 / 千克（冰岛克朗 / 件）基础税率	
0201	鲜、冷牛肉：			
02011000	- 整头及半头	30	357	D
	- 带骨肉			
02012001	-- 腰肉及其切割肉	30	703	D
02012002	-- 后腿肉及其切割肉	30	500	D
02012003	-- 肩肉及其切割肉	30	315	D
02012009	-- 其他	30	315	D
	- 去骨肉			
02013001	-- 肉末	30	510	D
02013002	-- 里脊肉	30	1462	D
02013003	-- 上腰肉	30	1087	D
02013004	-- 后腿肉	30	1014	D
02013009	-- 其他	30	599	D
0202	冻牛肉：			
02021000	- 整头及半头	30	357	D
	- 带骨肉：			
02022001	-- 腰肉及其切割肉	30	703	D
02022002	-- 后腿肉及其切割肉	30	500	D
02022003	-- 肩肉及其切割肉	30	315	D
02022009	-- 其他	30	315	D
	- 去骨肉：			
02023001	-- 肉末	30	510	D
02023002	-- 里脊肉	30	1462	D
02023003	-- 上腰肉	30	1087	D

HS 编码	商品描述	最惠国税率		对中国适用的税率（% / pr. kg）
		从价税（%）基础税率	从量税 冰岛克朗/千克（冰岛克朗/件）基础税率	
02023004	-- 后腿肉	30	1014	D
02023009	-- 其他	30	599	D
0203	鲜、冷、冻猪肉：			
	– 鲜或冷的			
02031100	-- 整头及半头：	30	361	D
	-- 带骨的前腿、后腿及其肉块			
02031201	--- 后腿肉及其切割肉	30	504	D
02031209	--- 肩肉及其切割肉	30	464	D
	-- 其他：			
	--- 带骨肉：			
02031901	---- 腰肉及其切割肉	30	775	D
02031902	---- 其他	30	361	D
	--- 去骨肉：			
02031903	---- 肉末	30	456	D
02031904	---- 里脊肉	30	1195	D
02031905	---- 上腰肉	30	1107	D
02031906	---- 后腿肉	30	1022	D
02031909	---- 其他	30	456	D
	– 冻的			
02032100	-- 整头及半头	30	361	D
	-- 带骨的前腿、后腿及其肉块			
02032201	--- 后腿肉及其切割肉	30	504	D
02032209	--- 肩肉及其切割肉	30	464	D
	-- 其他：			
	--- 带骨肉：			
02032901	---- 腰肉及其切割肉	30	775	D
02032902	---- 其他	30	361	D
	--- 去骨肉：			

续 表

HS 编码	商品描述	最惠国税率		对中国适用的税率（% / pr. kg）
		从价税（%）基础税率	从量税 冰岛克朗 / 千克 （冰岛克朗 / 件） 基础税率	
02032903	---- 肉末	30	456	D
02032904	---- 里脊肉	30	1195	D
02032905	---- 上腰肉	30	1107	D
02032906	---- 后腿肉	30	1022	D
02032909	---- 其他	30	456	D
0204	鲜、冷、冻绵羊肉或山羊肉：			
02041000	- 鲜或冷的整头及半头羔羊	30	273	D
	- 其他鲜或冷的绵羊肉：			
02042100	-- 整头及半头	30	273	D
	-- 带骨肉			
02042201	--- 腰肉及其切割肉	30	382	D
02042202	--- 后腿肉及其切割肉	30	382	D
02042203	--- 肩肉及其切割肉	30	241	D
02042209	--- 其他	30	241	D
	-- 去骨肉：			
02042301	--- 肉末	30	390	D
02042302	--- 里脊肉	30	947	D
02042303	--- 上腰肉	30	883	D
02042304	--- 后腿肉	30	883	D
02042309	--- 其他	30	390	D
02043000	- 冻的整头及半头羔羊	30	273	D
	- 其他冻的绵羊肉			
02044100	-- 整头及半头	30	273	D
	-- 带骨肉			
02044201	---- 腰肉及其切割肉	30	382	D
02044202	---- 后腿肉及其切割肉	30	382	D
02044203	---- 肩肉及其切割肉	30	241	D
02044209	---- 其他	30	241	D

HS 编码	商品描述	最惠国税率		对中国适用的税率（ % / pr. kg）
		从价税（ % ）基础税率	从量税 冰岛克朗 / 千克（冰岛克朗 / 件）基础税率	
	-- 去骨肉：			
02044301	---- 肉末	30	390	D
02044302	---- 里脊肉	30	947	D
02044303	---- 上腰肉	30	883	D
02044304	---- 后腿肉	30	883	D
02044309	---- 其他	30	390	D
02045000	- 山羊肉	30	382	D
0205	鲜、冷、冻马、驴、骡肉	30	256	D
0206	鲜、冷、冻牛、猪、绵羊、山羊、马、驴、骡的食用杂碎：			
02061000	- 鲜、冷牛杂碎	30	421	D
	- 冻牛杂碎：			
02062100	-- 舌	30	421	D
02062200	-- 肝	30	243	D
02062900	-- 其他	30	350	D
02063000	- 鲜、冷猪杂碎	30	202	D
	- 冻猪杂碎：			
02064100	-- 肝	30	202	D
02064900	-- 其他	30	202	D
	- 其他鲜或冷杂碎：			
02068001	-- 羊头	30	217	D
02068009	-- 其他	30	217	D
	- 其他冻杂碎			
02069001	-- 羊头	30	217	D
02069009	-- 其他	30	217	D
0207	税目 0105 所列家禽的鲜、冷、冻肉及食用杂碎：			
	- 鸡：			

HS 编码	商品描述	最惠国税率		对中国适用的税率（％/pr. kg）
		从价税（％）基础税率	从量税 冰岛克朗/千克（冰岛克朗/件）基础税率	
02071100	-- 整只，鲜或冷的	30	603	D
02071200	-- 整只，冻的	30	439	D
	-- 块及杂碎，鲜或冷的：			
02071301	--- 去骨的	30	499	D
02071302	--- 肝	30	499	D
02071309	--- 其他	30	499	D
	-- 块及杂碎，冻的：			
02071401	--- 去骨的	30	900	D
02071402	--- 肝	20	499	D
02071409	--- 其他	30	439	D
	- 火鸡：			
02072400	-- 整只，鲜或冷的	30	603	D
02072500	-- 整只，冻的	30	603	D
	-- 块及杂碎，鲜或冷的：			
02072601	--- 去骨的	30	499	D
02072602	--- 肝	30	499	D
02072609	--- 其他	30	499	D
	-- 块及杂碎，冻的：			
02072701	--- 去骨的	30	1000	D
02072702	--- 肝	20	499	D
02072709	--- 其他	30	603	D
	- 鸭：			
02074100	-- 整只，鲜或冷的	30	603	D
02074200	-- 整只，冻的	30	603	D
02074300	-- 肥肝，鲜或冷的	30	256	D
	-- 其他，鲜或冷的			
02074401	--- 去骨的	30	499	D
02074402	--- 肝	30	499	D

HS 编码	商品描述	最惠国税率		对中国适用的税率（% / pr. kg）
		从价税（%）基础税率	从量税 冰岛克朗 / 千克（冰岛克朗 / 件）基础税率	
02074409	---- 其他	30	499	D
	-- 其他，冻的：			
02074501	--- 去骨的	30	1000	D
02074502	--- 肝	20	499	D
02074509	--- 其他	30	603	D
	- 鹅：			
02075100	-- 整只，鲜或冷的	30	603	D
02075200	-- 整只，冻的	30	603	D
02075300	-- 肥肝，鲜或冷的	30	256	D
	-- 其他，鲜或冷的			
02075401	--- 去骨的	30	499	D
02075402	--- 肝	30	499	D
02075409	--- 其他	30	499	D
	-- 其他，冻的：			
02075501	--- 去骨的	30	1000	D
02075502	--- 肝	20	499	D
02075509	--- 其他	30	603	D
	- 珍珠鸡：			
02076010	-- 整只，鲜或冷的	30	603	D
02076020	-- 整只，冻的	30	603	D
02076030	-- 肥肝，鲜或冷的	30	256	D
	-- 其他，鲜或冷的			
02076041	--- 去骨的	30	499	D
02076042	--- 肝	30	499	D
02076049	--- 其他	30	499	D
	-- 其他，冻的：			
02076091	--- 去骨的	30	1000	D
02076092	--- 肝	20	499	D

HS 编码	商品描述	最惠国税率		对中国适用的税率（％ / pr. kg）
		从价税（％）基础税率	从量税 冰岛克朗 / 千克（冰岛克朗 / 件）基础税率	
02076099	---- 其他	30	603	D
0208	其他鲜、冷、冻肉及食用杂碎：			
02081000	- 家兔或野兔的	30	393	D
02083000	- 灵长目的	30	363	D
	-- 鲸、海豚及鼠海豚（鲸目哺乳动物）；海牛及儒艮（海牛目哺乳动物）；海豹、海狮及海象（鳍足亚目哺乳动物）的			
02084001	-- 鲸肉，冻的	30	363	D
02084002	-- 鲸类产品，冻的	30	363	D
02084003	-- 鲸肉和其他鲸类产品，鲜或冷的	30	363	D
02084004	-- 海豹肉，冻的	30	363	D
02084005	-- 海狮及海象	30	363	D
02084009	-- 其他	30	363	D
02085000	- 爬行动物（包括蛇及龟鳖）的	30	363	税率不超过65%
02086000	- 骆驼及其他骆驼科动物的	30	363	税率不超过65%
02089001	-- 鸽子	30	363	税率不超过65%
02089002	-- 雉	30	363	税率不超过65%
02089003	-- 松鸡，冻的	30	446	税率不超过65%
02089004	-- 鹿	30	363	税率不超过65%
02089007	-- 无骨的驯鹿肉，冻的	30	1014	税率不超过65%
	--- 带骨的驯鹿肉，冻的			

HS 编码	商品描述	最惠国税率		对中国适用的税率（ % / pr. kg）
		从价税（ % ）基础税率	从量税冰岛克朗 / 千克（冰岛克朗 / 件）基础税率	
02089008	––– 整头及半头	30	1014	税率不超过65%
02089009	–––– 其他	30	1014	税率不超过65%
02089011	–– 青蛙腿	30	393	税率不超过65%
02089019	–– 其他	30	363	D
0209	未炼制的不带瘦肉的肥猪肉、猪脂肪及家禽脂肪，鲜、冷、冻、干、熏、盐腌或盐渍的			
02091000	– 猪的	30	100	D
02099000	– 其他	30	100	D
0210	肉及食用杂碎，干、熏、盐腌或盐渍的；可供食用的肉或杂碎的细粉、粗粉：			
	– 猪肉			
02101100	–– 带骨的前腿、后腿及其肉块	30	504	D
02101200	–– 腹肉（五花肉）	30	361	D
	–– 其他：			
	––– 熏的：			
02101901	–––– 去骨的	30	447	D
02101902	–––– 其他	30	1195	D
02101909	––– 其他	30	775	D
	– 牛肉			
02102001	–– 去骨的	30	1462	D
02102009	–– 其他	30	703	D
	– 其他，包括可供食用的肉或杂碎的细粉、粗粉			
02109100	–– 灵长目的	30	363	D

HS 编码	商品描述	最惠国税率		对中国适用的税率（% / pr. kg）
		从价税（%）基础税率	从量税 冰岛克朗 / 千克（冰岛克朗 / 件）基础税率	
	-- 鲸、海豚及鼠海豚（鲸目哺乳动物）；海牛及儒艮（海牛目哺乳动物）；海豹、海狮及海象（鳍足亚目哺乳动物）的			
02109201	---- 鲸肉，盐腌的	30	363	D
02109202	---- 鲸肉、海狮和海象肉	30	363	D
02109209	---- 其他	30	363	D
02109300	-- 爬行动物（包括蛇及龟鳖）的	30	363	D
	-- 其他			
02109910	---- 家禽肝，干或熏的	30	499	D
	---- 羊肉，盐制的：			
02109921	----- 去骨的	30	947	D
02109929	----- 其他	30	450	D
	---- 羊肉，熏的			
02109931	----- 去骨的	30	947	D
02109939	----- 其他	30	450	D
02109990	---- 其他	30	363	D
1601	**肉、食用杂碎或动物血制成的香肠及类似产品；用香肠制成的食品：**			
16010010	- 血肠及肝肠	30	234	D
	- 其他：			
16010021	-- 干香肠	30	975	D
16010022	-- 香肠，除未列名的其他成分外，按重量计含有超过60%的肉、食用杂碎或动物	30	883	D
16010023	-- 香肠，除未列名的其他成分外，按重量计含有超过20%，但不超过60%的肉、食用杂碎或动物	30	530	D
16010029	-- 其他	30	883	D

HS 编码	商品描述	最惠国税率		对中国适用的税率（% / pr. kg）
		从价税（%）基础税率	从量税冰岛克朗/千克（冰岛克朗/件）基础税率	
1602	其他方法制作或保藏的肉、食用杂碎或动物血：			
	– 均化食品：			
16021001	-- 按重量计含有超过 60% 的肉、食用杂碎和动物血	30	883	D
16021009	-- 按重量计含有超过 20%，但不超过 60% 的肉、食用杂碎和动物血	30	530	D
	– 动物肝：			
	-- 肉 / 肝酱			
16022011	--- 按重量计含有超过 60% 的动物肝脏	30	440	D
16022012	--- 按重量计含有超过 20%，但不超过 60% 的动物肝脏	30	264	D
16022019	--- 其他	30	88	D
	-- 其他：			
16022021	--- 按重量计含有超过 60% 的动物肝脏	30	260	D
16022022	--- 按重量计含有超过 20%，但不超过 60% 的动物肝脏	30	156	D
16022029	--- 其他	30	52	D
	– 税目 01.05 所列家禽的：			
	-- 火鸡的：			
16023101	--- 按重量计含有超过 60% 的火鸡产品	30	1144	D
16023102	--- 按重量计含有超过 20%，但不超过 60% 的火鸡产品	30	686	D
16023109	--- 其他	30	229	D
	-- 鸡的：			
16023201	--- 按重量计含有超过 60% 的鸡肉产品	30	1144	D

| HS 编码 | 商品描述 | 最惠国税率 | | 对中国适用的税率（％/pr. kg） |
		从价税（％）基础税率	从量税 冰岛克朗/千克（冰岛克朗/件）基础税率	
16023202	——— 按重量计含有超过 20%，但不超过 60% 的鸡肉产品	30	686	D
16023209	——— 其他	30	229	D
	—— 其他：			
16023901	——— 按重量计含有超过 60% 的未列明的家禽产品	30	1144	D
16023902	——— 按重量计含有超过 20%，但未超过 60% 的未列明的家禽产品	30	686	D
16023909	——— 其他	30	229	D
	- 猪的：			
	—— 后腿及其肉块：			
16024101	——— 按重量计含有超过 60% 的肉	30	1144	D
16024102	——— 按重量计含有超过 20%，但未超过 60% 的肉	30	686	D
16024109	——— 其他	30	229	D
	—— 前腿及其肉块			
16024201	——— 按重量计含有超过 60% 的肉	30	823	D
16024202	——— 按重量计含有超过 20%，但未超过 60% 的肉	20	494	D
16024209	——— 其他	30	165	D
	—— 其他，包括混合的肉：			
16024901	——— 按重量计含有超过 60% 的肉	30	1022	D
16024902	——— 按重量计含有超过 20%，但未超过 60% 的肉	30	613	D
16024909	——— 其他	30	204	D
	- 牛的：			
16025001	——— 按重量计含有超过 60% 的肉	30	1014	D
16025002	——— 按重量计含有超过 20%，但未超过 60% 的肉	30	608	D
16025009	—— 其他	30	203	D

HS 编码	商品描述	最惠国税率		对中国适用的税率（% / pr. kg）
		从价税（%）基础税率	从量税冰岛克朗/千克（冰岛克朗/件）基础税率	
	– 其他，包括动物血的食品：			
	-- 羔羊肉的：			
16029011	---- 按重量计含有超过 60% 的肉	30	883	D
16029012	---- 按重量计含有超过 20%，但未超过 60% 的肉	30	530	D
16029019	---- 其他	30	177	D
	-- 其他：			
16029021	---- 按重量计含有超过 60% 的肉	30	883	D
16029022	---- 按重量计含有超过 20%，但未超过 60% 的肉	30	530	D
16029029	---- 其他	30	177	D

（二）奶类产品：不参与关税减让

根据世界贸易组织的统计，2020 年冰岛奶类产品最惠国平均关税达到 99.6%，与 2014 年的 87.2% 相比，有所上升。2014 年冰岛奶类产品中零关税进口税目数量为零，2020 年稍有好转，达到 1.6%。根据冰岛关税减让表的规定，冰岛对原产于中国的所有进口奶类产品维持基础税率，不进行协定下的关税减让，冰岛的具体关税税率参见表 2-6。

表 2-6　截至 2020 年底冰岛尚未实现零关税进口的中国奶类产品名录

HS 编码	商品描述	最惠国税率		对中国适用的税率（% / pr. kg）
		从价税（%）基础税率	从量税冰岛克朗/千克（冰岛克朗/件）基础税率	
0401	未浓缩及未加糖或其他甜物质的乳及奶油：			
	– 按重量计脂肪含量不超过 1%：			

HS 编码	商品描述	最惠国税率		对中国适用的税率（% / pr. kg）
		从价税（%）基础税率	从量税冰岛克朗 / 千克（冰岛克朗 / 件）基础税率	
04011001	-- 用巴氏法消过毒的	30	44	D
04011009	-- 其他	30	44	D
	- 按重量计脂肪含量超过 1%，但不超过 6%：			
04012001	-- 用巴氏法消过毒的	30	44	D
04012009	-- 其他	30	44	D
	- 按重量计脂肪含量超过 1%，但不超过 6%：			
04014001	-- 用巴氏法消过毒的	30	228	D
04014009	-- 其他	30	228	D
	- 按重量计脂肪含量超过 10%：			
04015001	-- 用巴氏法消过毒的	30	228	D
04015009	-- 其他	30	228	D
0402	**浓缩、加糖或其他甜物质的乳及奶油：**			
04021000	- 粉状、粒状或其他固体形状，按重量计脂肪含量不超过 1.5%	30	344	D
	- 粉状、粒状或其他固体形状，按重量计脂肪含量超过 1.5%			
04022100	-- 未加糖或其他甜物质	30	430	D
04022900	-- 其他	30	430	D
	- 其他：			
04029100	-- 未加糖或其他甜物质	30	430	D
04029900	-- 其他	30	430	D
0403	**酪乳、结块的乳及奶油、酸乳、酸乳酒及其他发酵或酸化的乳和奶油，不论是否浓缩、加糖、加其他甜物质、加香料、加水果、加坚果或加可可：**			
	- 酸乳：			
04031011	-- 加可可的	30	61	D
04031012	-- 加水果或加坚果	30	61	D

HS 编码	商品描述	最惠国税率		对中国适用的税率（% / pr. kg）
		从价税（%）基础税率	从量税 冰岛克朗 / 千克（冰岛克朗 / 件）基础税率	
04031013	—— 加香料的，未列名的	30	61	D
04031019	—— 其他	30	61	D
	—— 酸乳饮料：			
04031021	—— 加可可的	30	61	D
04031022	—— 加水果或加坚果	30	61	D
04031023	—— 加香料的，未列名的	30	61	D
04031029	——— 其他	30	61	D
	－ 其他：			
04039011	—— 加可可的	30	53	D
04039012	—— 加水果或加坚果	30	53	D
04039013	—— 加香料的，未列名的	30	53	D
04039014	—— 按重量计乳脂含量超过 6% 的	30	136	D
04039019	—— 其他	30	53	D
	—— 饮料：			
04039021	—— 加可可的	30	53	D
04039022	—— 加水果或加坚果	30	53	D
04039023	—— 加香料的，未列名的	30	53	D
04039029	——— 其他	30	53	D
0404	乳清，不论是否浓缩、加糖或其他甜物质；其他税目未列名的含天然乳的产品，不论是否加糖或其他甜物质：			
04041000	－ 乳清，不论是否浓缩、加糖或其他甜物质	30	15	D
04049000	－ 其他	30	15	D
0405	黄油及其他从乳中提取的脂和油；乳酱：			
04051000	－ 黄油	30	623	D
04052000	－ 乳酱	30	220	D
04059000	－ 其他	30	623	D
0406	乳酪及凝乳：			
	－ 鲜乳酪（未熟化或未固化的），包括乳清乳酪；凝乳：			

HS 编码	商品描述	最惠国税率		对中国适用的税率（% / pr. kg）
		从价税（%）基础税率	从量税 冰岛克朗/千克（冰岛克朗/件）基础税率	
04061001	-- 凝乳（脱脂酸牛奶）	30	430	D
04061009	-- 其他	30	430	D
04062000	- 各种磨碎或粉化的乳酪	30	430	D
04063000	- 经加工的乳酪，但磨碎或粉化的除外	30	430	D
04064000	- 蓝纹乳酪和娄地青霉生产的带有纹理的其他乳酪	30	500	D
04069000	- 其他乳酪	30	500	D

（三）水果、蔬菜和植物：部分产品不参与关税减让

2020年，冰岛水果、蔬菜和植物类产品的最惠国平均关税水平为13%，与2014年的17%相比，有所下降。其中，零关税税目占比为68.4%，与2014年的67.7%相比，有所改善。根据冰岛的关税减让表的规定，冰岛对部分原产于中国的花卉、马铃薯产品及少数蔬菜保持按照最惠国关税税率进口。同时，对于部分花卉、蔬菜产品如胡萝卜、卷心菜等，已将原产于中国的产品的从价税率降为零，但仍保留了一定规模的从量税率。而冷冻及未冷冻的薯片产品（HS 20041002 和 HS 20052002）在从量税率降至零的同时，则保持了46%的从价税率。除上述产品外，冰岛对其他原产于中国的水果、蔬菜和植物产品均已实现零关税进口。未实现零关税进口的中国水果、蔬菜和植物具体产品名录参见表2-7。

表2-7 截至2020年底冰岛尚未实现零关税进口的中国水果、蔬菜和植物产品名录

HS 编码	商品描述	最惠国税率		对中国适用的税率（% / pr. kg）
		从价税（%）基础税率	从量税 冰岛克朗/千克（冰岛克朗/件）基础税率	
0602	其他活植物（包括其根）、插枝及接穗；蘑菇菌丝：			

HS 编码	商品描述	最惠国税率		对中国适用的税率 （ % / pr. kg）
		从价税 （%） 基础税率	从量税 冰岛克朗 / 千克 （冰岛克朗 / 件） 基础税率	
	– 其他：			
	–– 其他：			
	––– 室内植物：			
	–––– 带花蕾和花朵的开花植物，仙人掌除外：			
06029091	––––– 高度不超过 1 米的盆栽植物，凤梨属种植物和纤细欧石南、帚石楠的叶片不计算在内	30	200	D
	–––– 其他：			
06029093	––––– 高度不超过 1 米的盆栽植物，凤梨属种植物和纤细欧石南、帚石楠的叶片不计算在内	30	200	D
0603	**制花束或装饰用的插花及花蕾，鲜、干、染色、漂白、浸渍或用其他方法处理的：**			
	– 鲜的：			
06031100	–– 玫瑰	30	95	D
	–– 康乃馨：			
06031202	––– 其他时间进口的	30	95	0/48
06031400	–– 菊花	30	95	D
06031500	–– 百合花（百合属）	30	95	D
	–– 其他：			
	––– 醉蝶花、火鹤花、尾花芋属、球根植物和天堂鸟花：			
06031905	–––– 其他时间进口的	30	95	0/48
06031909	––– 其他	30	95	D
0701	**鲜或冷藏的马铃薯：**			
07011000	– 种用	30	55	D
	– 其他：			
07019009	–– 其他	30	60	D

续 表

HS 编码	商品描述	最惠国税率		对中国适用的税率（% / pr. kg）
		从价税（%）基础税率	从量税 冰岛克朗 / 千克（冰岛克朗 / 件）基础税率	
0704	鲜或冷藏的卷心菜、菜花、球茎甘蓝、羽衣甘蓝及类似的食用芥菜类蔬菜：			
07041000	– 菜花及硬花甘蓝	30	176	D
	– 其他：			
07049001	-- 卷心菜	30	79	0/79
07049002	-- 红叶卷心菜	30	110	0/110
07049003	-- 大白菜	30	206	0/206
07049004	-- 绿菜花或花茎甘蓝	30	282	0/282
0706	鲜或冷藏的胡萝卜、萝卜、色拉甜菜根、婆罗门参、块根芹、小萝卜及类似的食用根茎：			
07061000	– 胡萝卜及萝卜	30	136	0/136
	– 其他			
07069001	-- 胡萝卜	30	136	0/136
07069002	-- 色拉甜菜根	30	136	0/136
0709	鲜或冷藏的其他蔬菜：			
07094000	– 芹菜，但块根芹除外	30	116	0/116
	– 蘑菇及块菌：			
07095100	-- 伞菌属蘑菇	30	400	0/80
0710	冷冻蔬菜（不论是否蒸煮）：			
07101000	– 马铃薯	30	59	D
2001	蔬菜、水果、坚果及植物的其他食用部分，用醋或醋酸制作或保藏的：			
	– 其他：			
	-- 未列名的土豆及其制品：			
20019003	--- 用土豆粉制作的	42		D
20019004	--- 其他	76		D

HS 编码	商品描述	最惠国税率		对中国适用的税率 （ % / pr. kg ）
		从价税 （ % ） 基础税率	从量税 冰岛克朗 / 千克 （冰岛克朗 / 件 ） 基础税率	
2004	其他冷冻蔬菜，用醋或醋酸以外的其他方法制作或保藏的：			
	– 马铃薯：			
20041002	-- 薯片	76		46/0
20041003	-- 仅含马铃薯粉的制品	42		D
20041009	-- 其他	59		D
	– 其他蔬菜及什锦蔬菜：			
20049006	-- 按重量计含肉比例超过 3%，但不超过 20% 的	0	52	D
2005	其他未冷冻蔬菜，用醋或醋酸以外的其他方法制作或保藏的：			
	– 马铃薯：			
20052002	-- 薯片	76		46/0
20052003	-- 碎片状、螺旋状、环状、锥形、棒状和类似的零食	59		D
20052004	-- 马铃薯粉制品	42		D
20052009	-- 其他	59		D
	– 其他蔬菜及什锦蔬菜：			
	-- 其他：			
20059901	-- 按重量计含肉比例超过 3%，但不超过 20% 的	0	52	D

（四）咖啡和茶：部分产品不参与关税减让

2020 年，冰岛全部咖啡和茶产品平均最惠国税率为 6.3%，与 2014 年的 6.5% 相比，有所下降。2020 年，零关税税目占比约为 63.7%，与 2014 年持平。根据中冰关税减让表的规定，冰岛将原产于中国的 1806（巧克力及其他含可可的食品）项下的部分产品列为 D 类产品，不参加自由贸易协定下的关税减让，保持最惠国关税税率。其他咖啡和茶类产品全部实行零关税进口。截至2020年底，冰岛尚未实现零关税进口的中国咖啡和茶类产品名录参见表2-8。

表2-8 截至2020年底冰岛尚未实现零关税进口的中国咖啡和茶类产品名录

HS 编码	商品描述	最惠国税率		对中国适用的税率（% / pr. kg）
		从价税（%）基础税率	从量税 冰岛克朗/千克（冰岛克朗/件）基础税率	
1806	巧克力及其他含可可的食品：			
	– 其他重量超过2千克的块状或条状含可可食品，或液状、膏状、粉状、粒状或其他散装形状的含可可食品，容器包装或内包装每件净重超过2千克的：			
18062003	—— 可可粉，不包括税目1901中的产品，按重量计含有30%及以上的鲜奶粉和/或脱脂奶粉，不论是否含糖或其他甜味剂，但不与其他物质混合	10	129	D
18062004	—— 可可粉，不包括税目1901中的产品，按重量计含有少于30%的鲜奶粉和/或脱脂奶粉，不论是否含糖或其他甜味剂，但不与其他物质混合	10	47	D
	—— 其他：			
18062005	——— 其他制品，不包括税目1901中的产品，按重量计含有30%或以上的鲜奶粉和/或脱脂奶粉	10	129	D
18062006	——— 其他制品，不包括税目1901中的产品，按重量计含有少于30%的鲜奶粉和/或脱脂奶粉	10	47	D
	– 其他块状或条状的含可可食品：			
	—— 夹心：			
18063101	——— 块状、片状或条状的夹心巧克力	10	54	D
18063109	——— 其他	10	54	D
	—— 不夹心：			

HS 编码	商品描述	最惠国税率		对中国适用的税率 （%／pr. kg）
		从价税 （%） 基础税率	从量税 冰岛克朗／千克 （冰岛克朗／件） 基础税率	
18063202	--- 含有可可脂及奶粉的巧克力，片状或条状	10	50	D
18063203	--- 片状或条状的人造巧克力	10	47	D
18063209	--- 其他	10	22	D
	– 其他：			
	-- 饮料制造用物质：			
18069011	--- 饮料用物质，以税目 0401 至 0404 中的产品为基础，除其他微量成分及香精外，按重量计全脱脂可可含量在 5% 或以上的可可粉，糖或其他甜味剂	10	22	D
	-- 其他：			
18069022	--- 婴儿及饮食营养专用食品	0	19	D
18069023	--- 复活节彩蛋	20	51	D
18069024	--- 冰激凌调味汁及蘸料	20	47	D
18069025	--- 表面覆盖的，如葡萄干、坚果、膨化谷物、甘草、焦糖及果冻	20	56	D
18069026	--- 巧克力酱	20	51	D
18069028	--- 可可粉，不包括税目 1901 所列产品，按重量计含有 30% 或以上的鲜奶粉和／或脱脂奶粉，不论是否含有添加糖或其他甜味剂，但不与其他物质混合	20	139	D
18069029	--- 可可粉，不包括税目 1901 所列产品，按重量计含有 30% 以下的鲜奶粉和／或脱脂奶粉，不论是否含有添加糖或其他甜味剂，但不与其他物质混合	20	50	D
18069039	--- 其他	20	50	D

（五）谷物及其制品：部分产品不参与关税减让

2020年冰岛谷物及其制品类产品的最惠国平均关税水平为19.5%，与2014年基本持平。其中，零关税税目占比为58%，与2014年的57.6%相比，略有所改善。根据冰岛的关税减让表，冰岛将原产于中国的部分禽蛋、麦精及面食、谷物、面包、饼干以及醋等产品列为D类产品，不进行协定下关税减让，继续按照最惠国关税税率进口。同时，冰岛对科目19022022、19022031、19022041、19022042、19023021、19023031、19023041、19059011、19059041、19059049、19059051、19059059、19059090、21039051、21069041、21069048以及21069064等产品在免除从价进口关税的同时征收不同数额的从量进口关税。除上述产品外，冰岛对其他原产于中国的谷物及其制品均已实现零关税进口。未实现零关税进口的中国谷物及其制品具体产品名录参见表2-9。

表2-9 截至2020年底冰岛尚未实现零关税进口的中国谷物及其制品名录

HS 编码	商品描述	最惠国税率		对中国适用的税率（% / pr. kg）
		从价税（%）基础税率	从量税 冰岛克朗/千克（冰岛克朗/件）基础税率	
0407	带壳禽蛋，鲜、腌制或煮过的：			
	– 孵化用受精禽蛋：			
04071100	-- 鸡的	30	243	D
04071900	-- 其他	30	243	D
	– 其他鲜蛋：			
04072100	-- 鸡的	30	243	D
04072900	-- 其他	30	243	D
04079000	– 其他	30	243	D
0408	去壳禽蛋及蛋黄，鲜、干、冻、蒸过或水煮、制成型或用其他方法保藏的，不论是否加糖或其他甜物质：			
	– 蛋黄：			
04081100	-- 干的	30	875	D

HS 编码	商品描述	最惠国税率		对中国适用的税率 （％ / pr. kg）
		从价税 （％） 基础税率	从量税 冰岛克朗 / 千克 （冰岛克朗 / 件） 基础税率	
	-- 其他：			
04081901	---5 公斤或 5 公斤以上包装的，用巴氏法消过毒的含盐量为 7% 的蛋黄	30	390	D
04081909	--- 其他	30	390	D
	- 其他：			
04089100	-- 干的	30	875	D
	-- 其他：			
04089901	---10 公斤或 10 公斤以上包装的蒸蛋	30	208	D
04089909	--- 其他	30	208	D
1901	麦精；细粉、粗粉、淀粉或麦精制的其他税目为列明的食品，不含可可粉或按重量计可可粉比例低于 50%；税目 0401 至 0404 所列货品制的其他税目未列名的食品，不含可可粉或按重量计可可粉含量低于 10%：			
	- 供烘焙税目 1905 所列面包糕饼用的调制品及面团			
	-- 共含有 3% 或以上的鲜奶粉、脱脂奶粉、鸡蛋、乳脂（如奶油）、奶酪或肉：			
19012012	---- 用于制作税目 19052000 所列姜饼及类似品的	0	25	D
19012013	---- 用于制作税目 19053011 和税目 19053029 所列甜饼干（包括曲奇）的	0	20	D
19012014	---- 用于制作税目 19053021 所列的姜脆薄饼的	0	35	D
19012015	---- 用于制作税目 19053030 所列华夫饼干及煎饼的	0	12	D
19012016	---- 用于制作税目 19054000 所列面包干、吐司及类似烘烤产品的	0	15	D

HS 编码	商品描述	最惠国税率		对中国适用的税率 （ % / pr. kg ）
		从价税 （ % ） 基础税率	从量税 冰岛克朗 / 千克 （ 冰岛克朗 / 件 ） 基础税率	
19012017	---- 用于制作税目 19059011 所列以奶油或其他奶制品为馅料的面包的	0	47	D
19012018	---- 用于制作税目 19059019 所列面包的	0	6	D
19012019	---- 用于制作税目 19059020 所列扁平饼干的	0	5	D
19012022	---- 用于制作税目 19059040 所列蛋糕及糕点的	0	40	D
19012023	---- 混合馅料及生面团，含肉，用于制作税目 19059051 所列的馅饼，包括比萨	0	99	D
19012024	---- 混合馅料及生面团，含除肉外的其他成分，用于制作税目 19059059 所列的比萨及类似品	0	67	D
19012029	---- 用于制作税目 19059090 所列产品的	0	52	D
1902	**面食，不论是否煮熟、包馅（肉馅或其他馅）或其他方法制作，例如，通心粉、面条、汤团、馄饨、饺子、奶油面卷；古斯古斯面食，不论是否制作：**			
	– 包馅的面食，不论是否煮熟或经其他方法制作：			
	-- 用香肠、肉、肉类杂碎或动物血制品或其混合物制品包馅的面食：			
19022021	---- 按重量计香肠、肉、肉类杂碎或动物血制品或其混合物制品的比例超过 20% 的	0	145	D
19022022	---- 按重量计香肠、肉、肉类杂碎或动物血制品或其混合物制品的比例超过 3%，但未超过 20% 的	0	52	0/41
	-- 用奶酪包馅：			
19022031	---- 按重量计奶酪含量超过 3% 的	0	45	0/35

HS 编码	商品描述	最惠国税率		对中国适用的税率 （% / pr. kg）
		从价税 （%） 基础税率	从量税 冰岛克朗 / 千克 （冰岛克朗 / 件） 基础税率	
	-- 用肉和奶酪包馅：			
19022041	--- 按重量计肉和奶酪含量超过 20% 的	0	145	0/142
19022042	--- 按重量计肉和奶酪含量超过 3%，但未超过 20% 的	0	52	0/41
	- 其他面食：			
	-- 含有香肠、肉、肉类杂碎或动物血或其混合物：			
19023021	--- 按重量计含量超过 3%，但不超过 20% 的	0	52	0/41
	-- 含有奶酪：			
19023031	--- 按重量计含量超过 3% 的	0	45	0/35
	-- 含有肉和奶酪：			
19023041	--- 按重量计含量超过 3%，但不超过 20% 的	0	52	0/41
	- 古斯古斯面食：			
	-- 含有香肠、肉、肉类杂碎或动物血或其混合物：			
19024021	--- 按重量计含量超过 3%，但不超过 20% 的	0	52	D
1904	谷物或谷物产品经膨化或烘炒制成的食品（例如，玉米片）；其他税目未列名的预煮或经其他方法制作的谷粒（玉米除外），谷物片或经其他加工的谷粒（细粉粗粒及粗粉除外）：			
	- 碾碎的干小麦：			
19043001	-- 按重量计含肉量超过 3%，但不超过 20% 的	7.5	52	D
	- 其他：			
19049001	-- 按重量计含肉量超过 3%，但不超过 20% 的	7.5	52	D

续 表

HS 编码	商品描述	最惠国税率		对中国适用的税率（% / pr. kg）
		从价税（%）基础税率	从量税 冰岛克朗 / 千克（冰岛克朗 / 件）基础税率	
1905	面包、糕点、饼干及其他烘焙糕饼，不论是否含可可；圣餐饼、装药空囊、封碱、糯米纸及类似制品：			
19052000	- 姜饼及类似品	20	85	D
	- 甜饼干；华夫饼干及圣餐饼：			
	-- 甜饼干：			
19053110	--- 涂抹了巧克力或含可可的软糖	20	20	D
19053120	--- 专为过敏症及新陈代谢紊乱而生产的不含麸质及蛋白质的产品	0	23	D
	--- 其他：			
19053131	---- 姜脆饼干	20	38	D
19053132	---- 甜饼干及曲奇，含有少于 20% 的糖	20	23	D
19053139	---- 其他甜饼干及曲奇	20	23	D
	-- 华夫饼干及圣餐饼：			
19053201	--- 涂抹了巧克力或含有巧克力的软糖	20	19	D
19053209	--- 其他	20	13	D
19054000	- 面包干、吐司及类似的烤面包	20	19	D
	- 其他：			
	-- 面包：			
19059011	--- 含有奶油或其他奶制品（如香蒜奶油）制成的馅料	20	47	0/39
	-- 蛋糕及糕点：			
19059041	--- 专为过敏症及新陈代谢紊乱而生产的不含麸质及蛋白质的产品	0	43	0/35
19059049	--- 其他	20	43	0/35
	-- 馅饼，包括比萨：			
19059051	--- 含肉的	20	99	0/97

HS 编码	商品描述	最惠国税率		对中国适用的税率（ % / pr. kg）
		从价税（ % ）基础税率	从量税 冰岛克朗 / 千克（ 冰岛克朗 / 件 ）基础税率	
19059059	--- 其他	20	68	0/51
19059090	-- 其他	20	55	0/45
2103	调味汁及其制品；混合调味品；芥子粉及其调制品：			
	- 其他：			
	-- 含肉丝的：			
21039051	--- 按重量计含量超过 20% 的	0	99	0/97
21039052	--- 按重量计含量超过 3%，但未超过 20% 的	0	52	D
2104	汤料及其制品；均化混合食品：			
	- 汤料及其制品：			
21041001	-- 含面粉、淀粉、麦精等成分的蔬菜汤料制品	0	4	D
21041002	—5 公斤或 5 公斤以上包装的其他汤料粉	0	32	D
21041003	-- 罐装鱼汤	0	32	D
	-- 其他汤料：			
21041011	--- 按重量计肉丝含量超过 20% 的	0	99	D
21041012	--- 按重量计肉丝含量超过 3%，但未超过 20% 的	0	52	D
21041019	--- 其他	0	24	D
	-- 其他：			
21041021	--- 按重量计肉丝含量超过 20% 的	0	99	D
21041022	--- 按重量计肉丝含量超过 3%，但未超过 20% 的	0	52	D
21041029	--- 其他	0	24	D
	- 均化混合食品：			
21042001	--- 按重量计肉丝含量超过 20% 的	0	99	D
21042002	--- 按重量计肉丝含量超过 3%，但未超过 20% 的	0	52	D

HS 编码	商品描述	最惠国税率		对中国适用的税率（% / pr. kg）
		从价税（%）基础税率	从量税 冰岛克朗 / 千克（冰岛克朗 / 件）基础税率	
21042003	-- 包含鱼、甲壳动物、软体动物或其他水生无脊椎动物的	0	24	D
21042009	---- 其他	0	24	D
2105	**冰激凌及其他冰制食品，不论是否含可可：**			
	– 按重量计乳脂含量超过 3% 的：			
21050011	-- 含可可	30	110	D
21050019	-- 其他	30	110	D
	– 其他：			
21050021	-- 含可可	30	110	D
21050029	-- 其他	30	110	D
2106	**其他税目未列名的食品：**			
	– 其他：			
	-- 制作甜品的粉末：			
21069041	---5 公斤或不足 5 公斤零售包装的，含奶粉、蛋白和蛋黄	0	82	0/67
21069042	---5 公斤或不足 5 公斤零售包装的，不含奶粉、蛋白和蛋黄	0		D
21069048	---- 其他，含奶粉、蛋白和蛋黄	0	82	0/67
21069059	-- 脂肪和水制作的食物，含 15% 以上的黄油或其他乳脂	30	220	D
21069062	-- 水果汤、糊	0		D
21069064	-- 按重量计肉丝含量超过 3%，但未超过 20% 的	0	52	0/41
2209	**醋及用醋酸制得的醋代用品**	18		D

（六）油籽、油脂：少数产品不参与关税减让

2020 年，冰岛油籽、油脂类产品的最惠国平均关税水平为 7.2%，与 2014 年持平。其中，零关税税目占比均为 86.3%。根据冰岛的关税减让表，冰岛

将原产于中国的15171001和15179002两类产品列为 D 类产品，不进行协定下关税减让，继续按照最惠国关税税率进口。除上述产品外，冰岛对其他原产于中国的油籽、油脂均已实现零关税进口。未实现零关税进口的中国油籽、油脂具体产品名录参见表2-10。

表2-10　截至2020年底冰岛尚未实现零关税进口的中国油籽、油脂产品名录

HS 编码	商品描述	最惠国税率		对中国适用的税率（ % / pr. kg ）
		从价税（%）基础税率	从量税 冰岛克朗 / 千克（冰岛克朗 / 件）基础税率	
1517	人造黄油；本章各种动、植物油、脂及其分离品混合制成的食用油、脂或制品，但税目1516的食用油、脂及其分离品除外：			
	– 人造黄油，但不包括液态的：			
15171001	—— 按重量计算乳脂含量超过 10%，但不超过 15% 的	0	90	D
	– 其他：			
15179002	—— 按重量计算乳脂含量超过 10%，但不超过 15% 的	0	90	D

（七）糖类及其制品：全部零关税进口

2020年，冰岛糖类及其制品的平均最惠国关税税率为4.8%，零关税税目占全部关税税目总数的84.6%，与2014年相比均没有变化。根据冰岛关税减让表的承诺，冰岛已对原产于中国的全部糖类及其制品免除进口关税。

（八）饮料和烟草：部分产品不参与关税减让

2020年，冰岛饮料和烟草类产品的最惠国平均关税水平为7.7%，与2014年持平。其中，2020年零关税税目占比为60.8%，与2014年的61%基本持平。根据冰岛的关税减让表，冰岛将原产于中国的部分2202类饮料列为 D 类产品，不进行协定下关税减让，继续按照最惠国关税税率进口。除上述产品

外，冰岛对其他原产于中国的饮料和烟草均已实现零关税进口。未实现零关税进口的中国饮料和烟草具体产品名录参见表2-11。

表2-11 截至2020年底冰岛尚未实现零关税进口的中国饮料和烟草产品名录

HS 编码	商品描述	最惠国税率		对中国适用的税率（% / pr. kg）
		从价税（%）基础税率	从量税 冰岛克朗/千克（冰岛克朗/件）基础税率	
2202	加味、加糖或其他甜物质的水，包括矿泉水及汽水，其他无酒精饮料，但不包括税目 2009 的水果汁或蔬菜汁：			
	– 其他：			
	—— 含其他成分的奶制品，除包装外按重量计奶制品含量在 75% 及以上：			
22029011	——— 纸板包装的	20	42	D
22029012	——— 钢制一次性包装的	20	42	D
22029013	——— 铝制一次性包装的	20	42	D
22029014	——— 容量超过 500 毫升的玻璃制一次性包装的	20	42	D
22029015	——— 容量不超过 500 毫升的玻璃制一次性包装的	20	42	D
22029016	——— 彩色塑料制一次性包装的	20	42	D
22029017	——— 无色塑料制一次性包装的	20	42	D
22029019	——— 其他	20	42	D

（九）棉花：全部免除进口关税

2020年冰岛棉花产品的平均最惠国关税税率为零，已全部实现自由贸易。根据冰岛关税减让表的承诺，冰岛已对原产于中国的全部进口棉花产品免除进口关税。

（十）其他农产品：全部免除进口关税

2020年，冰岛其他农产品的平均最惠国关税税率为4%，与2014年时的4.4%相比，有所下降。零关税税目所占比重则从2014年的82.9%提高至2020年的92.5%。根据冰岛关税减让表的承诺，冰岛已对原产于中国的全部其他农产品免除进口关税。

二、非农产品的市场准入安排

2020年冰岛鱼和鱼类产品的最惠国关税为1.6%，与2014年的1.8%相比，略有下降。根据冰岛关税减让表的承诺，冰岛已对原产于中国的全部鱼和鱼类产品免除进口关税。

冰岛对包括矿产和金属，石油，化学品，木材、纸类等，纺织品、服装，皮革、鞋类等，非电气机械，电气机械，运输设备以及别处未列明的制成品在内的非农产品已将最惠国关税全部降至零。因此，原产于中国的上述产品向冰岛出口可享受零关税待遇。

三、对中国出口企业的影响

（一）中国农产品出口企业：受惠幅度有限

冰岛农产品最惠国平均关税水平普遍较高。其中，动物产品，奶类产品，水果、蔬菜和植物，谷物及其制品的平均关税明显高于中国。根据协定安排，冰岛在农产品的关税减让中保留了大量的例外产品，也即D类产品不参加关税减让。冰岛国内市场规模较小，需求有限。因此，总体而言，中国农产品出口企业的受惠幅度有限。

对于棉花，冰岛已将全部产品关税降为零。但冰岛棉花产品的最惠国关税已全部为零，因此协定并未带来额外优惠。

对于糖类和其他农产品，冰岛根据协定已将全部产品关税降为零。中国出口企业可从中寻找商机，充分利用协定带来的关税减免优惠。

对于咖啡和茶，油籽、油脂，饮料和烟草产品，冰岛已将大多数产品的关税降至零，保留了少数D类产品不参与关税减让。中国企业可以获得一定程度的关税减免福利，降低贸易成本，增加出口机会。

对于动物产品，水果、蔬菜和植物，谷物及其制品，冰岛将较多的税目列为 D 类产品，不参加关税减让。中国出口企业的受惠空间较为有限。

对于奶类产品，冰岛已将全部此类产品列为 D 类产品，不参加关税减让。因此，中国出口企业无法享受额外优惠。

（二）中国非农产品出口企业：除鱼类产品外，协定并无额外优惠

冰岛鱼类产品的最惠国平均关税为 1.6%，协定优惠空间有限。其他非农产品的最惠国关税已全部为零，中国出口企业并无额外的优惠。

第三节 中国给予冰岛的货物贸易自由化政策措施

一、农产品的市场准入安排

（一）动物产品：已全部实现零关税进口

2020 年，中国动物产品最惠国关税平均为 13.2%，与 2014 年的 14.1% 相比，有所下降。零关税税目占比则从 2014 年的 14.2% 小幅度下调至 2020 年的 13.8%。根据中国关税减让表的规定，在该协定生效时，中国已将全部原产于冰岛的动物产品的进口关税降至零，减让优惠幅度非常显著。

（二）奶类产品：已全部实现零关税进口

2020 年，中国奶类产品最惠国关税平均为 12.3%，与 2014 年基本持平。2014 年和 2020 年的零关税税目占比均为零。根据中国关税减让表的规定，在该协定生效时，中国已将全部原产于冰岛的奶类产品的进口关税降至零，减让优惠幅度非常显著。

（三）水果、蔬菜和植物：部分产品不参与关税减让

2020 年，中国水果、蔬菜和植物类产品最惠国关税平均为 12.2%，比 2014 年的 14.6% 有所下降。零关税税目占比则从 2014 年的 5.4% 小幅度下调

至2019年的4.9%。根据中国关税减让表的规定，中国将部分马铃薯、菜花、胡萝卜、豇豆、芦笋及芝麻等产品列为 D 类产品，保持最惠国关税，不进行关税减让。其他原产于冰岛的水果、蔬菜和植物类产品的进口关税已全部降至零。D 类产品的具体名录参见表2-12。

表2-12　截至2020年底中国尚未实现零关税进口的冰岛水果、蔬菜和植物产品名录

HS 编码	商品描述	2012年税率（%）	对冰岛适用税率（%）
07011000	种用马铃薯	13	D
07041000	鲜或冷的菜花及硬花甘蓝	10	D
07061000	鲜或冷的胡萝卜及萝卜	13	D
07101000	冷冻马铃薯	13	D
20041000	非用醋制作的冷冻马铃薯	13	D
20052000	非用醋制作的未冷冻马铃薯	15	D
20055199	非用醋或醋酸制作或保藏的未冷冻的其他脱荚豇豆及菜豆	25	D
20055910	非用醋制作的其他豇豆及菜豆罐头	25	D
20055990	非用醋制作的其他豇豆及菜豆	25	D
20056010	非用醋制作的芦笋罐头	25	D
20081992	用其他方法制作或保藏的芝麻	10	D

（四）咖啡和茶：个别产品不参与关税减让

2020年，中国咖啡和茶类产品最惠国关税平均为12.3%，与2014年的14.7% 相比，有所下降。根据中国关税减让表的规定，中国将21013000烘焙咖啡代用品及其浓缩精汁列为 D 类产品，保持最惠国关税，不进行关税减让。其他原产于冰岛的咖啡和茶类产品的进口关税已全部降至零，减让幅度非常显著。D 类产品的具体名录参见表2-13。

表2-13　截至2020年底中国尚未实现零关税进口的冰岛咖啡和茶类产品名录

HS 编码	商品描述	2012年税率（%）	对冰岛适用税率（%）
21013000	烘焙咖啡代用品及其浓缩精汁	32	D

（五）谷物及其制品：部分产品不参与关税减让

2020年，中国谷物及其制品类产品最惠国关税平均为19.5%，与2014年的22.6%相比，有明显下降。零关税税目占比维持在8.8%。根据中国关税减让表的规定，中国将部分小麦、玉米、稻谷、精米、糙米、面粉、面食以及调味品等产品列为D类产品，保持最惠国关税，不进行关税减让。其他原产于冰岛的谷物及其制品类产品的进口关税已全部降至零。D类产品的具体名录参见表2-14。

表2-14　截至2020年底中国尚未实现零关税进口的冰岛谷物及其制品名录

HS 编码	商品描述	2012年税率（%）	对冰岛适用税率（%）
10011100	种用硬粒小麦	65	D
10011900	其他硬粒小麦	65	D
10019100	种用其他小麦及混合麦	65	D
10019900	其他小麦及混合麦	65	D
10051000	种用玉米	20	D
10059000	其他玉米	65	D
10061011	种用籼米稻谷	65	D
10061019	种用稻谷	65	D
10061091	其他籼米稻谷	65	D
10061099	其他稻谷	65	D
10062010	籼型糙米	65	D
10062090	其他糙米	65	D
10063010	籼型精米	65	D
10063090	其他精米	65	D
10064010	籼米碎米	65	D
10064090	其他碎米	65	D
11010000	小麦或混合麦的细粉	65	D
11022000	玉米细粉	40	D
11029011	籼米大米细粉	40	D
11029019	其他大米细粉	40	D
11031100	小麦粗粒及粗粉	65	D

HS 编码	商品描述	2012年税率 （%）	对冰岛适用税率 （%）
11031300	玉米粗粒及粗粉	65	D
11031921	籼米大米粗粒及粗粉	10	D
11031929	其他大米粗粒及粗粉	10	D
11032010	小麦团粒	65	D
11042300	经其他加工的玉米	65	D
11042910	经其他加工的大麦	65	D
19021100	未包馅或未制作的含蛋生面食	15	D
19021900	其他未包馅或未制作的生面食	15	D
19054000	面包干、吐司及类似的烤面包	20	D
21032000	番茄沙司及其他番茄调味汁	15	D
21033000	芥子粉及其调味品	15	D
21042000	均化混合食品	32	D

（六）油籽、油脂：部分产品不参与关税减让

2020年，中国油籽、油脂类产品最惠国关税平均为10.9%，与2014年的10.4%相比，稍有上升。零关税税目占比维持在9.1%。根据中国关税减让表的规定，中国将部分豆油、花生油、棕榈油、葵花油、红花油、棉籽油、菜籽油、玉米油、人造黄油、硬脂酸及油酸等产品列为D类产品，保持最惠国关税，不进行关税减让。其他原产于冰岛的油籽、油脂产品的进口关税已全部降至零。D类产品的具体名录参见表2-15。

表2-15　截至2020年底中国尚未实现零关税进口的冰岛油籽、油脂产品名录

HS 编码	商品描述	2012年税率 （%）	对冰岛适用税率 （%）
15071000	初榨豆油的分离品	9	D
15079000	精制的豆油及其分离品	9	D
15081000	初榨花生油的分离品	10	D
15089000	精制的花生油及其分离品	10	D
15111000	初榨棕榈油的分离品	9	D

HS 编码	商品描述	2012年税率（%）	对冰岛适用税率（%）
15119010	精制的棕榈液油（熔点 19—24℃）	9	D
15119020	精制的棕榈硬脂（熔点 44—56℃）	8	D
15119090	其他精制的棕榈油及其分离品	9	D
15121100	初榨葵花油或红花油的分离品	9	D
15121900	精制的葵花油或红花油及其分离品	9	D
15122100	初榨棉籽油的分离品	10	D
15122900	精制的棉籽油及其分离品	10	D
15141100	初榨低芥籽酸菜籽油及其分离品	9	D
15141900	其他低芥籽酸菜籽油或芥籽油及其分离品	9	D
15149110	初榨菜籽油及其分离品	9	D
15149190	初榨芥籽油及其分离品	9	D
15149900	其他菜籽油或芥籽油及其分离品	9	D
15152100	初榨玉米油的分离品	10	D
15152900	精制的玉米油及其分离品	10	D
15171000	人造黄油，非液态	30	D
38231100	硬脂酸	16	D
38231200	油酸	16	D

（七）糖类及其制品：部分产品不参与关税减让

2020年，中国糖类及其制品最惠国关税平均为28.7%，与2014年持平。零关税税目占比为零。根据中国关税减让表的规定，中国将部分糖及糖类产品列为 D 类产品，保持最惠国关税，不进行关税减让。其他原产于冰岛的糖类及其制品的进口关税已全部降至零。D 类产品的具体名录参见表2-16。

表2-16 截至2020年底中国尚未实现零关税进口的冰岛糖类及其制品名录

HS 编码	商品描述	2012年税率（%）	对冰岛适用税率（%）
17011200	未加香料或着色剂的甜菜原糖	50	D
17011300	本章子目注释二所述的甘蔗原糖	50	D

HS 编码	商品描述	2012年税率（%）	对冰岛适用税率（%）
17011400	其他甘蔗糖	50	D
17019100	加有香料或着色剂的糖	50	D
17019910	砂糖	50	D
17019920	绵白糖	50	D
17019990	其他精制糖	50	D
17021100	无水乳糖，按重量计含量＞99%	10	D
17021900	其他乳糖及乳糖浆	10	D
17022000	槭糖及槭糖浆	30	D
17023000	低果糖含量的葡萄糖及糖浆	30	D
17024000	中果糖含量的葡萄糖及糖浆	30	D

（八）饮料和烟草：部分产品不参与关税减让

2020年，中国饮料和烟草产品的最惠国关税平均为18.2%，与2014年的22.8%相比，显著下降。零关税税目占比则从2.1%略降至2.0%。根据中国关税减让表的规定，中国将部分饮料和烟草产品列为D类产品，保持最惠国关税，不进行关税减让。其他原产于冰岛的饮料和烟草产品的进口关税已全部降至零。D类产品的具体名录参见表2-17。

表2-17 截至2020年底中国尚未实现零关税进口的冰岛饮料和烟草产品名录

HS 编码	商品描述	2012年税率（%）	对冰岛适用税率（%）
22051000	小包装的味美思酒及类似酒	65	D
22059000	其他包装的味美思酒及类似酒	65	D
22085000	杜松子酒	10	D
22086000	伏特加酒	10	D
24011010	未去梗的烤烟	10	D
24011090	其他未去梗的烟草	10	D
24012010	部分或全部去梗的烤烟	10	D
24012090	部分或全部去梗的其他烟草	10	D

HS 编码	商品描述	2012 年税率（%）	对冰岛适用税率（%）
24013000	烟草废料	10	D
24021000	烟草制的雪茄烟	25	D
24022000	烟草制的卷烟	25	D
24029000	烟草代用品制的雪茄烟及卷烟	25	D
24031100	本章子目注释所述的水烟料	57	D
24031900	其他供吸用的烟草	57	D
24039100	"均化"或"再造"烟草	57	D
24039900	其他烟草及烟草代用品的制品；烟草精汁	57	D

（九）棉花：主要产品不参与关税减让

2020年，中国棉花类最惠国关税平均为22%，与2014年的18%相比，略有上升。零关税税目占比则从2014年的10%下降为零。根据中国关税减让表的规定，中国将52010000和52030000两个税号的棉花类产品列为D类产品，保持最惠国关税，不进行关税减让。其他原产于冰岛的棉花的进口关税已全部降至零。D类产品的具体名录参见表2-18。

表2-18 截至2020年底中国尚未实现零关税进口的冰岛棉花产品名录

HS 编码	商品描述	2012 年税率（%）	对冰岛适用税率（%）
52010000	未梳的棉花	40	D
52030000	已梳的棉花	40	D

（十）其他农产品：部分产品不参与关税减让

2020年，中国其他农产品最惠国关税平均为11.8%，与2014年的11.2%相比，略有上升。零关税税目占比则保持在8.5%。根据中国关税减让表的规定，中国将部分农产品列为D类产品，保持最惠国关税，不进行关税减让。其他原产于冰岛的其他农产品的进口关税已全部降至零。D类产品的具体名录参见表2-19。

表2-19 截至2020年底中国尚未实现零关税进口的冰岛其他农产品名录

HS 编码	商品描述	2012年税率（%）	对冰岛适用税率（%）
51011100	未梳的含脂剪羊毛	38	D
51011900	未梳的其他含脂羊毛	38	D
51012100	未梳的脱脂剪羊毛（未碳化）	38	D
51012900	未梳的其他脱脂羊毛（未碳化）	38	D
51013000	未梳碳化羊毛	38	D
51031010	羊毛落毛	38	D

二、非农产品的市场准入安排

（一）鱼和鱼类产品

2020年，中国鱼和鱼类产品最惠国关税平均为7.2%，与2014年的10.5%相比，显著下降。根据中冰自贸协定中方关税减让表的规定，中国将03038910和05119119两个税号的产品列为C类产品，2024年1月1日关税将减让至零。2020年，上述两类产品的协定优惠税率分别为3.6%和4.4%。其他原产于冰岛的鱼和鱼类产品的进口关税已全部降至零。C类产品的具体名录参见表2-20。

表2-20 截至2020年底中国尚未实现零关税进口的冰岛鱼和鱼类产品名录

HS 编码	商品描述	2012年税率（%）	对冰岛适用税率（%）
03038910	冻带鱼	10	C
05119119	其他鱼产品	12	C

（二）矿产和金属：个别产品不参与关税减让

2020年，中国矿产和金属产品最惠国关税平均为6.3%，与2014年的7.2%相比，有所下降。根据中国关税减让表的规定，中国将部分矿产和金属类产品列为D类产品，保持最惠国关税税率，不进行关税减让。其他原产于冰岛的矿产和金属产品的进口关税已全部降至零。D类产品的具体名录参见表2-21。

表2-21 截至2020年底中国尚未实现零关税进口的冰岛矿产和金属类产品名录

HS 编码	商品描述	2012年税率（%）	对冰岛适用税率（%）
25309099	其他矿产品	3	D
31021000	尿素（不论是否水溶液）	50	D
31052000	含氮、磷、钾三种肥效元素的肥料	50	D
31053000	磷酸氢二铵	50	D
71132010	镶嵌钻石的以贱金属为底的包贵金属制首饰	35	D
71179000	未列名材料制仿首饰	35	D
73251010	工业用无可锻性制品	7	D
74199991	工业用其他铜制品	10	D
76071190	轧制后未进一步加工的无衬背铝箔	6	D
76071900	其他无衬背铝箔	6	D
76072000	有衬背铝箔	6	D

（三）石油：已全部零关税进口

2020年，中国石油产品最惠国关税平均为5.3%。根据中国关税减让表的承诺，中国已对原产于冰岛的全部进口石油产品免除进口关税。

（四）化学品：部分产品不参与关税减让

2020年，中国化学品最惠国关税平均为6.2%，与2014年的6.5%相比，有所下降。根据中国关税减让表的规定，中国将部分化学品列为D类产品，保持最惠国关税税率，不进行关税减让。其他原产于冰岛的化学品的进口关税已全部降至零。D类产品的具体名录参见表2-22。

表2-22 截至2020年底中国尚未实现零关税进口的冰岛化学品名录

HS 编码	商品描述	2012年税率（%）	对冰岛适用税率（%）
28030000	碳（碳黑及其他税号未列名的其他形状的碳）	5.5	D
28353990	其他多磷酸盐	5.5	D

HS 编码	商品描述	2012 年税率（%）	对冰岛适用税率（%）
29095000	醚酚、醚醇酚及其卤化、磺化、硝化，或亚硝化的衍生物	5.5	D
30051090	其他胶粘敷料及有胶黏涂层的物品（经药物浸涂或制定零售包装供医疗、外科、牙科或兽医用）	5	D
33051000	洗发剂（香波）	6.5	D
33059000	其他护发品	10	D
35061000	适于作胶或黏合剂的产品，零售包装每件净重 ≤ 1 千克	10	D
39140000	初级形状的离子交换剂	6.5	D

（五）木材、纸类等：部分产品不参与关税减让

2020 年，中国木材、纸类等产品最惠国关税平均为 3.2%，与 2014 年的 4.3% 相比，有明显下降。根据中国关税减让表的规定，中国将部分木材、纸类等产品列为 D 类产品，保持最惠国关税税率，不进行关税减让。其他原产于冰岛的木材、纸类等产品的进口关税已全部降至零。D 类产品的具体名录参见表 2-23。

表 2-23　截至 2020 年底中国尚未实现零关税进口的冰岛木材、纸类等产品名录

HS 编码	商品描述	2012 年税率（%）	对冰岛适用税率（%）
44101100	木制碎料板	4	D
44101200	木制定向刨花板	4	D
44101900	木制其他材料板	4	D
44109011	麦稻秸秆制碎料板	7.5	D
44109019	其他类似木质碎料板	7.5	D
44109090	类似木质碎料的木质材料板	7.5	D
44111211	厚度不超过 5 毫米的中密度木纤维板，密度超过每立方厘米 0.8 克，未经机械加工或盖面的	4	D
44111219	厚度不超过 5 毫米的中密度木纤维板，密度超过每立方厘米 0.8 克，经机械加工或盖面的	7.5	D

HS 编码	商品描述	2012年税率（%）	对冰岛适用税率（%）
44111221	辐射松制的厚度不超过 5 毫米的中密度木纤维板，密度超过每立方厘米 0.5 克，但未超过每立方厘米 0.8 克	4	D
44111229	其他厚度不超过 5 毫米的中密度木纤维板，密度超过每立方厘米 0.5 克，但未超过每立方厘米 0.8 克	4	D
44111291	其他厚度不超过 5 毫米的中密度木纤维板，未经机械加工或盖面的	7.5	D
44111299	其他厚度不超过 5 毫米的中密度木纤维板，经机械加工或盖面的	4	D
44111311	厚度超过 5 毫米，但未超过 9 毫米的中密度木纤维板，密度超过每立方厘米 0.8 克，未经机械加工或盖面的	4	D
44111319	厚度超过 5 毫米，但未超过 9 毫米的中密度木纤维板，密度超过每立方厘米 0.8 克，经机械加工或盖面的	7.5	D
44111321	辐射松制的厚度超过 5 毫米，但未超过 9 毫米的中密度木纤维板，密度超过每立方厘米 0.5 克，但未超过每立方厘米 0.8 克	4	D
44111329	其他厚度超过 5 毫米，但未超过 9 毫米的中密度木纤维板，密度超过每立方厘米 0.5 克，但未超过每立方厘米 0.8 克	4	D
44111391	其他厚度超过 5 毫米，但未超过 9 毫米的中密度木纤维板，未经机械加工或盖面的	7.5	D
44111399	其他厚度超过 5 毫米，但未超过 9 毫米的中密度木纤维板，经机械加工或盖面的	4	D
44111411	厚度超过 9 毫米的中密度木纤维板，密度超过每立方厘米 0.8 克，未经机械加工或盖面的	4	D
44111419	厚度超过 9 毫米的中密度木纤维板，密度超过每立方厘米 0.8 克，经机械加工或盖面的	7.5	D
44111421	辐射松制的厚度超过 9 毫米的中密度木纤维板，密度超过每立方厘米 0.5 克，但未超过每立方厘米 0.8 克	4	D
44111429	其他厚度超过 9 毫米的中密度木纤维板，密度超过每立方厘米 0.5 克，但未超过每立方厘米 0.8 克	4	D
44111491	其他厚度超过 9 毫米的中密度木纤维板，未经机械加工或盖面的	7.5	D
44111499	其他厚度超过 9 毫米的中密度木纤维板，经机械加工或盖面的	4	D

HS 编码	商品描述	2012年税率（%）	对冰岛适用税率（%）
44119210	其他木纤维板，密度超过每立方厘米 0.8 克，未经机械加工或盖面的	4	D
44119290	其他木纤维板，密度超过每立方厘米 0.8 克，经机械加工或盖面的	7.5	D
44119310	其他辐射松制的木纤维板，密度超过每立方厘米 0.5 克，但未超过每立方厘米 0.8 克	4	D
44119390	其他木纤维板，密度超过每立方厘米 0.5 克，但未超过每立方厘米 0.8 克	4	D
44119410	其他木纤维板，密度超过每立方厘米 0.35 克，但未超过每立方厘米 0.5 克	7.5	D
44119421	其他木纤维板，密度未超过每立方厘米 0.35 克，未经机械加工或盖面的	7.5	D
44119429	其他木纤维板，密度未超过每立方厘米 0.35 克，经机械加工或盖面的	4	D
44121019	其他仅由薄板制竹胶合板	4	D
44121020	竹面多层板	10	D
44121091	至少一层为热带木的竹面多层板	8	D
44121092	至少一层为木碎板的竹面多层板	10	D
44123210	其他至少有一表层为温带非针叶木单板制的胶合板	4	D
44123290	其他至少有一表层为非针叶木单板制的胶合板	4	D
44129410	木块芯胶合板，侧板条芯胶合板及板条芯胶合板，至少有一表层是非针叶木	10	D
44129491	木块芯胶合板，侧板条芯胶合板及板条芯胶合板，至少有一层是热带木	8	D
44129492	木块芯胶合板，侧板条芯胶合板及板条芯胶合板，至少含有一层木碎料	10	D
44129910	其他至少有一表层是非针叶木的木面多层板	10	D
44129991	其他至少有一层是热带木的木面多层板	8	D
44129992	其他至少含有一层木碎料板的木面多层板	10	D
44140010	辐射松制的画框、相框、镜框及类似品	20	D
44140090	其他木制的画框、相框、镜框及类似品	20	D

HS 编码	商品描述	2012年税率（%）	对冰岛适用税率（%）
44152010	辐射松制的木托板、箱形托盘及其他装载用木板；辐射松制的托盘护框	7.5	D
44152090	其他木托板、箱形托盘及其他装载用木板；其他木制的托盘护框	7.5	D
44160010	辐射松制的大桶、琵琶桶、盆和其他辐射松制箍桶及其零件，包括桶板	16	D
44160090	其他木制大桶、琵琶桶、盆和其他木制箍桶及其零件，包括桶板	16	D
44170010	辐射松制的工具、工具支架、工具柄、扫帚及刷子的身及柄；辐射松制鞋靴楦及楦头	16	D
44170090	其他木制的工具、工具支架、工具柄、扫帚及刷子的身及柄；木制鞋靴楦及楦头	16	D
44181010	辐射松制的窗、法兰西式（落地）窗及其框架	4	D
44181090	其他木制的窗、法兰西式（落地）窗及其框架	4	D
48010000	成卷或成张的新闻纸	5	D
48021010	宣纸	7.5	D
48021090	其他手工制纸及纸板	7.5	D
48022010	照相原纸	7.5	D
48022090	光敏、热敏、电敏纸，纸板的原纸、板	7.5	D
48024000	墙壁纸原纸	7.5	D
48025400	书写、印刷等用未涂布薄纸及纸板，不含用机械方法制得的纤维或所含前述纤维不超过全部纤维重量的10%	7.5	D
48025500	其他书写印刷等用未涂中厚纸（板），不含用机械方法制得的纤维或所含前述纤维不超过全部纤维重量的10%，成卷	5	D
48025600	书写、印刷等用未涂布中厚纸及纸板，不含用机械方法制得的纤维或所含前述纤维不超过全部纤维重量的10%，成张，一边≤435毫米，另一边≤297毫米以未折叠计	5	D
48025700	其他书写印刷等用未涂中厚纸（板），不含用机械方法制得的纤维或所含前述纤维不超过全部纤维重量的10%，其他成张	5	D

HS 编码	商品描述	2012年税率（%）	对冰岛适用税率（%）
48025800	书写、印刷等用未涂布厚纸及纸板，不含用机械方法制得的纤维或所含前述纤维不超过全部纤维重量的10%	5	D
48026110	其他书写、印刷等用未涂布纸及纸板，所含用机械方法制得的纤维超过全部纤维重量的10%，成卷的新闻纸	7.5	D
48026190	其他书写、印刷等用未涂布纸及纸板，所含用机械方法制得的纤维超过全部纤维重量的10%，成卷的其他纸	5	D
48026200	其他书写、印刷等用未涂布纸及纸板，所含用机械方法制得的纤维超过全部纤维重量的10%，成张，一边≤435毫米，另一边≤297毫米（以未折叠计）	5	D
48026910	其他书写、印刷等用未涂布纸及纸板，所含用机械方法制得的纤维超过全部纤维重量的10%，成张的新闻纸	7.5	D
48026990	其他书写、印刷等用未涂布纸及纸板，所含用机械方法制得的纤维超过全部纤维重量的10%，成张的其他纸	5	D
48030000	卫生纸、面巾纸、餐巾纸及类似纸	7.5	D
48041100	成卷或成张的未经涂布未漂白的牛皮挂面纸	5	D
48041900	成卷或成张的未经涂布漂白的牛皮挂面纸	5	D
48042100	未漂白的袋用牛皮纸	5	D
48042900	漂白的袋用牛皮纸	5	D
48043100	未漂白的其他薄牛皮纸及纸板	2	D
48043900	漂白的薄牛皮纸及纸板	2	D
48044100	未漂白的其他中厚牛皮纸及纸板	2	D
48044200	本体均匀漂白的中厚牛皮纸及纸板	5	D
48044900	其他漂白的中厚牛皮纸及纸板	2	D
48045100	未漂白的其他厚牛皮纸及纸板	2	D
48045200	本体均匀漂白的厚牛皮纸及纸板	5	D
48045900	其他漂白的厚牛皮纸及纸板	2	D
48051100	半化学的瓦楞纸（瓦楞原纸）	7.5	D
48051200	草浆瓦楞原纸	7.5	D

HS 编码	商品描述	2012年税率（%）	对冰岛适用税率（%）
48051900	其他瓦楞原纸	7.5	D
48052400	薄强韧箱纸板	7.5	D
48052500	厚强韧箱纸板	7.5	D
48053000	亚硫酸盐包装纸	7.5	D
48054000	滤纸及纸板	7.5	D
48055000	毡纸及纸板	7.5	D
48059110	每平方米重量在150克及以下的电解电容器原纸	7.5	D
48059190	每平方米重量在150克及以下的薄纸及纸板	7.5	D
48059200	其他未经涂布中厚纸及纸板	7.5	D
48059300	其他未经涂布厚纸及纸板	7.5	D
48061000	植物羊皮纸	7.5	D
48062000	防油纸	7.5	D
48063000	描图纸	7.5	D
48064000	高光泽透明或半透明纸	7.5	D
48070000	成卷或成张的复合纸及纸板，未经表面涂布或未浸渍	7.5	D
48081000	瓦楞纸及纸板	7.5	D
48084000	皱纹牛皮纸	7.5	D
48089000	其他皱纹纸及纸板、纹纸及纸板	7.5	D
48092000	大张（卷）的自印复写纸	7.5	D
48099000	其他大张（卷）的拷贝纸或转印纸	7.5	D
48101300	涂无机物书写（印刷）纸（板），不含用机械方法制得的纤维或所含前述纤维不超过全部纤维重量的10%，成卷的	5	D
48101400	涂无机物书写（印刷）纸（板），不含用机械方法制得的纤维或所含前述纤维不超过全部纤维重量的10%，成张的，一边≤435毫米，另一边≤297毫米（以未折叠计）	5	D
48101900	其他涂无机物书写（印刷）纸（板），不含用机械方法制得的纤维或所含前述纤维不超过全部纤维重量的10%，成张	5	D
48102200	轻质涂布无机物的书写、印刷纸，所含用机械方法制得的纤维超过全部纤维重量的10%	5	D

续 表

HS 编码	商品描述	2012 年税率（%）	对冰岛适用税率（%）
48102900	其他涂无机物的书写、印刷纸及纸板，所含用机械方法制得的纤维超过全部纤维重量的 10%	5	D
48103100	涂无机物的薄漂白牛皮纸及纸板，书写、印刷或类似用途的除外	5	D
48103200	涂无机物的厚漂白牛皮纸及纸板，书写、印刷或类似用途的除外	5	D
48103900	涂无机物的其他牛皮纸及纸板，书写、印刷或类似用途的除外	5	D
48109200	其他涂无机物的多层纸及纸板	5	D
48109900	其他涂无机物的纸及纸板	7.5	D
48111000	焦油纸及纸板、沥青纸及纸板	7.5	D
48114100	自黏的胶黏纸及纸板	7.5	D
48114900	其他胶黏纸及纸板	7.5	D
48115110	漂白的彩色相纸用双面涂塑厚纸	7.5	D
48115190	漂白的其他涂、浸、盖厚纸及纸板	7.5	D
48115910	绝缘纸及纸板	7.5	D
48115991	镀铝的用塑料涂布、浸渍的其他纸及纸板	7.5	D
48115999	其他用塑料涂布、浸渍的纸及纸板	7.5	D
48116010	用蜡或油等涂布的绝缘纸及纸板	7.5	D
48116090	用蜡或油等涂布的其他纸及纸板	7.5	D
48119000	其他经涂布、浸渍、覆盖的纸及纸板	7.5	D
48120000	纸浆制的滤块、滤板及滤片	7.5	D
48131000	成小本或管状的卷烟纸	7.5	D
48132000	宽度 ≤ 5 厘米成卷的卷烟纸	7.5	D
48139000	其他卷烟纸	7.5	D
48142000	用塑料涂面或盖面的壁纸及类似品	7.5	D
48149000	其他壁纸及类似品；窗用透明纸	7.5	D
48162000	小卷（张）自印复写纸	7.5	D
48169010	小卷（张）热敏转印纸	7.5	D
48169090	小卷（张）胶印版纸及其他拷贝纸	7.5	D
48171000	信封	7.5	D

HS 编码	商品描述	2012年税率（%）	对冰岛适用税率（%）
48172000	封缄信片、素色明信片及通信卡片	7.5	D
48173000	纸或纸板制的盒子、袋子及夹子	7.5	D
48181000	小卷（张）卫生纸	7.5	D
48182000	小卷（张）纸手帕及纸面巾	7.5	D
48183000	小卷（张）纸台布及纸餐巾	7.5	D
48189000	纸床单及类似家庭、卫生、医院用品	7.5	D
48191000	瓦楞纸或纸板制的箱、盒、匣	5	D
48192000	非瓦楞纸或纸板制可折叠箱、盒、匣	5	D
48194000	其他纸袋	7.5	D
48195000	其他纸包装容器	7.5	D
48196000	纸卷宗盒、信件盘、存储盒及类似品	7.5	D
48201000	登记本、账本、笔记本、订货本、收据本、信笺本、记事本、日记本及类似品	7.5	D
48202000	练习本	7.5	D
48203000	纸制活动封面、文件夹及卷宗皮	7.5	D
48205000	纸制样品簿及粘贴簿	7.5	D
48209000	其他纸制文具用品，书籍封面	7.5	D
48211000	纸或纸板印制的各种标签	7.5	D
48219000	纸或纸板制的其他各种标签	7.5	D
48221000	纺织纱线用纸制的筒管、卷轴、纡子	7.5	D
48229000	纸制的其他筒管、卷轴、纡子	7.5	D
48232000	切成形的滤纸及纸板	7.5	D
48234000	已印制的自动记录器用打印纸	7.5	D
48237000	压制或模制纸浆制品	7.5	D
48239010	以纸或纸板为底制成的铺地制品	7.5	D
48239090	其他纸及纸制品	7.5	D
49070010	指运国流通新发行未使用的邮票	7.5	D
49070090	指运国流通新发行未使用的印花税票及类似票证；印有邮票或印花税票的纸品；空白支票	7.5	D
49081000	釉转印贴花纸	7.5	D

HS 编码	商品描述	2012年税率（%）	对冰岛适用税率（%）
49089000	其他转印贴花纸	7.5	D
49090010	印刷或有图画的明信片	7.5	D
49090090	其他致贺或通告卡片	7.5	D
49100000	印刷的各种日历，包括日历芯	7.5	D
49111090	其他商业广告品及类似印刷品	7.5	D
49119100	印刷的图片、设计图样及照片	7.5	D
96190010	尿布及尿裤	7.5	D

（六）纺织品：部分产品不参与关税减让

2020年，中国纺织品最惠国关税平均为7.0%，与2014年的9.5%相比，有明显下降。根据中国关税减让表的规定，中国将少部分纺织品列为D类产品，保持最惠国关税税率，不进行关税减让。其他原产于冰岛的纺织品的进口关税已全部降至零，关税减让幅度显著。D类产品的具体名录参见表2-24。

表2-24　截至2020年底中国尚未实现零关税进口的冰岛纺织品名录

HS 编码	商品描述	2012年税率（%）	对冰岛适用税率（%）
30059090	其他医用软填料及类似物品（经药物浸涂或制定零售包装供医疗、外科、牙科或兽医用）	5	D
51051000	粗梳羊毛	38	D
51052100	精梳羊毛片毛	38	D
51052900	羊毛条及其他精梳羊毛	38	D
51071000	非供零售用精梳纯羊毛纱线	5	D
51119000	与其他纤维混纺的粗梳毛布	10	D
55099100	非零售与毛混纺其他合成纤维短纤纱线	5	D
59061090	用橡胶处理宽≤20厘米其他纺丝胶黏带	10	D
94049010	羽绒或羽毛填充的寝具及类似品	20	D

（七）服装：已全部零关税进口

2020年，中国服装产品最惠国关税平均为6.8%，与2014年的16%相比，有显著下降。根据中国关税减让表的承诺，中国已对原产于冰岛的全部进口服装产品免除进口关税，关税减让幅度显著。

（八）皮革、鞋类等：部分产品不参与关税减让

2020年，中国皮革、鞋类等产品最惠国关税平均为10.6%，与2014年的12.8%相比，有明显下降。根据中国关税减让表的规定，中国将少部分皮革、鞋类等产品列为D类产品，保持最惠国关税税率，不进行关税减让。其他原产于冰岛的皮革、鞋类等产品的进口关税已全部降至零，关税减让幅度较大。D类产品的具体名录参见表2-25。

表2-25 截至2020年底中国尚未实现零关税进口的冰岛皮革、鞋类产品名录

HS 编码	商品描述	2012年税率（%）	对冰岛适用税率（%）
40159010	医疗用硫化橡胶衣着用品及附件	8	D
41131000	已鞣进一步加工的不带毛山羊或小山羊皮革	14	D
41133000	已鞣进一步加工的不带毛爬行动物皮革	14	D
42032100	皮革或再生皮革制专供运动用手套	20	D
42032910	皮革或再生皮革制的劳保手套	20	D
42032990	皮革或再生皮革制的其他手套	20	D
42034000	皮革或再生皮革制的其他衣着附件	20	D
43021930	已鞣未缝制阿斯特拉罕等羔羊皮，不论是否带头、尾或爪	20	D
43023090	已鞣已缝制的其他整张毛皮及块片	20	D
43031010	毛皮衣服	23	D
43031020	毛皮衣着附件	18	D
43039000	毛皮制其他物品	18	D
43040010	人造毛皮	18	D
43040020	人造毛皮制品	18	D

（九）非电气机械：个别产品不参与关税减让

2020年，中国非电气机械产品最惠国关税平均为6.8%，与2014年的7.8%相比，有所下降。根据中国关税减让表的规定，中方将84章共计5个税号的产品列为D类产品，继续按照最惠国税率征收进口关税。其他原产于冰岛的非电气机械产品的进口关税已全部降至零，关税减让幅度较大。D类产品的具体名录参见表2-26。

表2-26　截至2020年底中国尚未实现零关税进口的冰岛非电气机械产品名录

HS 编码	商品描述	2012年税率（%）	对冰岛适用税率（%）
84136021	电动式齿轮回转泵	10	D
84229090	税号8422其他未列名机器零件	8.5	D
84679200	风动工具零件	6	D
84807900	塑料或橡胶用其他模型	5	D
84824000	滚针轴承	8	D

（十）电气机械：个别产品不参与关税减让

2020年，中国电气机械产品最惠国关税平均为5.6%，与2014年的8.1%相比，有明显下降。根据中国关税减让表的规定，中国将9个税号的电气机械产品列为D类产品，保持最惠国关税税率，不进行关税减让。其他原产于冰岛的电气机械产品的进口关税已全部降至零，关税减让幅度非常显著。D类产品的具体名录参见表2-27。

表2-27　截至2020年底中国尚未实现零关税进口的冰岛电气机械产品名录

HS 编码	商品描述	2012年税率（%）	对冰岛适用税率（%）
85030090	其他电动机、发电机（组）零件	8	D
85101000	电动剃须刀	30	D
85167110	滴液式咖啡机	32	D
85167120	蒸馏渗滤式咖啡机	32	D
85167210	家用自动面包机	32	D

HS 编码	商品描述	2012年税率（%）	对冰岛适用税率（%）
85167220	片式烤面包机（多士炉）	32	D
85167290	电热烤面包器	32	D
85167910	电热饮水机	32	D
85167990	其他电热器具	32	D

（十一）运输设备：已全部实现零关税进口

2020年，中国运输设备最惠国关税平均为9.6%，与2014年的11.3%相比，有明显下降。根据中国关税减让表的承诺，中国已对原产于冰岛的全部进口运输设备免除进口关税。

（十二）别处未列明的制成品：个别产品不参与关税减让

2020年，中国别处未列明的制成品最惠国关税平均为6.7%，与2014年的11.6%相比，有显著下降。根据中国关税减让表的规定，中国将8个税号的产品列为D类产品，保持最惠国关税税率，不进行关税减让。其他原产于冰岛的别处未列明的制成品的进口关税已全部降至零。D类产品的具体名录参见表2-28。

表2-28 截至2020年底中国尚未实现零关税进口的冰岛别处未列明制成品名录

HS 编码	商品描述	2012年税率（%）	对冰岛适用税率（%）
90065290	使用胶片宽＜35毫米的其他照相机	25	D
90318090	未列名测量、检验仪器器具及机器	5	D
95061100	滑雪屐	14	D
95063100	完整的高尔夫球棍	14	D
95063900	其他高尔夫球用具	14	D
95071000	钓鱼竿	21	D
95072000	钓鱼钩	21	D
95073000	钓线轮	21	D

三、对中国相关企业的影响

（一）中国进口企业：降税范围大、保留少、速度快，但受制于贸易规模，总受益有限

总体而言，中国对冰岛进口产品的降税范围较大，只保留了少部分产品不参与协定下关税减让。并且总体降税速度很快，除 D 类产品外，仅有 2 个税号的产品被列为 C 类产品，分 10 年进行关税减让，将在 2024 年 1 月 1 日实现零关税。其他产品已在 2019 年 1 月 1 日全部实现零关税。但中国自冰岛进口规模较小，因此，企业的总体受益有限。

1. 鱼和鱼类产品进口企业

中国进口企业已享受到零关税福利。鱼和鱼类产品是中国自冰岛进口第一大类产品，约占中国进口总量的 8 成。除 2 个税号产品关税在 2024 年 1 月 1 日降为零外，其他产品已全部在 2019 年 1 月 1 日之前实现零关税。中国最惠国平均关税水平超过 7%。因此，协定给进口企业带来的优惠较为显著。鱼类进口企业可考虑增加贸易规模，寻找更多的贸易机会。

2. 其他产品进口企业

动物产品、奶制品、石油、服装以及运输设备的关税已全部降至零，每单位产品的进口成本会有所下降。但由于中国自冰岛进口规模较小，中国进口企业总体获益程度有限。

对于水果、蔬菜，咖啡和茶，谷物及其制品，油籽、油脂，糖类及其制品，饮料和烟草，棉花，其他农产品，矿产品，化学品，纺织品，皮革、鞋类，非电气机械，电气机械以及别处未列明的制成品，中国均选取了少数产品不参与协定下关税减让，保留最惠国关税。此类产品的数量有限，不影响中国总体降税进展。企业仍可通过享受协定优惠降低单位产品进口成本，获得额外收益。但因贸易规模较小，中国进口企业总体获益程度有限。

对于木材、纸类产品，中国 D 类产品数量较多，进口关税优惠有限，加之冰岛在中国进口总额中占比很低，企业总体受益程度不高。

（二）中国进口竞争企业：进口规模小，不会造成冲击

鱼及鱼类产品进口竞争企业：中国自冰岛进口鱼及鱼类产品金额不足中国鱼类产品总进口额的1%，加之中国庞大的国内需求市场，因此，对冰岛鱼类产品市场开放不会对中国国内进口竞争企业造成显著影响。

其他产品进口竞争企业：由于中国自冰岛进口规模较小，因此，对冰岛的市场开放不会对中国进口竞争企业造成冲击。

中国进口企业充分利用中冰自贸协定优惠安排的案例

2014年，青岛某食品公司向青岛大港海关申报进口226吨冰岛产冻海参斑鱼，货值43.06万美元，企业凭原产地声明享受税款减让29.96万元。这是青岛关区进口的首票中冰自贸协定进口货物。[①]

2015年6月9日，一票来自冰岛、共计46.2吨的冻多春鱼子在厦门口岸顺利进口。厦门海关按照中冰自贸协定相关规定为该批货物办理了税收优惠，共为企业减免关税5.3万元，这也是自2014年7月1日中冰自贸协定正式实施以来，福建省首票享受该税收优惠的货物。[②]

鱼类产品是中国自冰岛进口最重要的产品。根据协定安排，中国对该类产品给予了显著的优惠贸易安排。经过8年的持续关税减让，已基本实现了零关税进口。中国企业已获得关税减让优惠。预计中国自冰岛鱼类产品进口未来会有更多的贸易机会。

附录　主要产品分类

产品类别	HS 编码
农产品	
动物产品	第 01 章、第 02 章产品以及品目 1601 至 1602 的产品
奶类产品	品目 0401 至 0406 的产品

---

①《受益"中冰自贸协定"岛城外贸企业减关税》，《青岛日报》2014年9月18日。

②《中冰自贸协定"破冰"46.2吨鱼子海关减税5.3万元》，http://news.cnr.cn/native/city/20150610/t20150610_518807710.shtml.

产品类别	HS 编码
水果、蔬菜和植物	第 06 章的品目 0601 至 0603 的产品，第 07 章、第 08 章的全部产品以及第 11 章的品目 1105 至 1106 的产品，第 12 章的品目 1211 类产品，第 13 章和第 14 章全部产品，以及第 20 章的品目 2001 至 2008 的产品
咖啡和茶	第 09 章的品目 0901 至 0903 的产品，第 18 章的产品（不包括品目 1802），以及品目 2101 的产品
谷物及其制品	第 04 章的品目 0407 至 0410 的产品，第 10 章的全部产品，第 11 章的品目 1101 至 1104 的产品，品目 1107 至 1109 的产品，第 19 章的全部产品，第 21 章的品目 2102 至 2106 的产品以及第 22 章的品目 2209 产品
油籽、油脂	第 12 章的品目 1201 至 1208 的产品，第 15 章的产品，但不包括子目 150410 和子目 150420 的产品，第 23 章的品目 2304 至 2306，以及第 38 章的品目 3823 的产品
糖类及其制品	第 17 章的全部产品
饮料和烟草	第 20 章的品目 2009，第 22 章的品目 2201 至 2208 的产品和第 24 章的全部产品
棉花	第 52 章的品目 5201 至 5203 的产品
其他农产品	第 05 章除品目 0508 和子目 051191 之外的全部产品，第 06 章的品目 0604，第 09 章的品目 0904 至 0910，第 12 章的品目 1209 至 1210 和品目 1212 至 1214 的产品，第 18 章的品目 1802，第 23 章的子目 230110，品目 2302 至 2303 和品目 2307 至 2309 的产品，第 29 章的子目 290543 至 290545，第 33 章的品目 3301，第 35 章的品目 3501 至品目 3505，第 38 章的子目 380910 和 382460，第 41 章的品目 4101 至 4103，第 43 章的品目 4301，第 50 章的品目 5001 至 5003，第 51 章的品目 5101 至 5103，以及第 53 章的品目 5301 至 5302 类产品
非农产品	
鱼和鱼类产品	第 03 章全部产品，第 05 章品目 0508 和子目 051191 的产品，第 15 章的子目 150410 和 150420 的产品，第 16 章的品目 1603 至 1605 类产品以及第 23 章的子目 230120 的产品
矿产和金属类产品	第 25 章全部产品；第 26 章全部产品；第 27 章的品目 2701 至 2704 的产品，品目 2706 至 2708 的产品和品目 2711 至 2715 的产品；第 31 章全部产品；第 34 章的品目 3403 的产品；第 68 章至第 76 章的产品，但不包括品目 6807，子目 701911 至 701919，子目 701940 至 701959 的产品，以及品目 7321 至 7322 的产品；第 78 章至第 83 章的产品，但不包括品目 8304 至 8305 的产品；第 91 章的子目 911310 至 911320 的产品
石油	第 27 章的品目 2709 至 2710 的产品
化学品	第 27 章的品目 2705 的产品；第 28 章至第 30 章的产品，但不包括子目 290543 至 290545 和子目 300590 的产品；第 32 章至第 33 章的产品，但不包括品目 3301 和子目 330620 的产品；第 34 章的产品，但不包括品目 3403 和品目 3406 的产品，第 35 章的品目 3506 至 3507 的产品；第 36 章的品目 3601 至 3604 的产品；第 37 章至第 39 章的产品，但不包括子目 380910、品目 3823、子目 382460、子目 392112 至 392113 和子目 392190 的产品

产品类别	HS 编码
木材、纸类	第 44 章、第 45 章、第 47 章、第 48 章、第 49 章的全部产品，以及第 94 章的品目 9401 至 9404 的产品（子目 940490 类除外）和子目 961900 的产品
纺织品	第 30 章子目 300590 的产品，第 33 章子目 330620 的产品，第 39 章的子目 392112 至 392113 和 392190 的产品，第 42 章的子目 420212、420222、420232 和 420292 的产品，第 50 章至第 60 章的产品（品目 5001 至 5003、5101 至 5103、5201 至 5203 和 5301 至 5302 除外），第 63 章的全部产品，第 64 章的子目 640520、640610 的产品，第 65 章的品目 6501 至 6505 的产品，第 66 章的品目 6601 的产品，第 70 章的子目 701911 至 701919、701940 至 701959 的产品，第 87 章的子目 870821 的产品，第 88 章的品目 8804 的产品，第 91 章的子目 911390 的产品，第 94 章子目 940490 和第 96 章子目 961210 的产品
服装	第 61 章、第 62 章的全部产品
皮革、鞋类	第 40 章的全部产品，第 41 章（不包括品目 4101 至 4103）的产品，第 42 章的品目 4201 至 4205 的产品（子目 420212、420222、420232、420292 除外），第 43 章的品目 4302 至 4304 的产品，第 64 章的产品（子目 640520 和 640610 除外）以及第 96 章品目 9605 的产品
非电气机械	第 73 章品目 7321 至 7322 的产品，第 84 章的产品（不包括子目 846721 至 846729），第 85 章的子目 850860、852841、852851 和 852861 的产品，第 86 章品目 8608 以及第 87 章品目 8709 的产品
电气机械	第 84 章子目 846721 至 846729 的产品以及第 85 章的产品（子目 850860、852841、852851、852861 以及品目 8519 至 8523 的产品除外，但包括子目 852352）
运输设备	第 86 章的产品（品目 8608 除外），第 87 章品目 8701 至 8708 的产品（子目 870821 除外）、品目 8711 至 8714、品目 8716 的产品，第 88 章的品目 8801 至 8803 的产品以及第 89 章的全部产品
别处未列明的制成品	第 27 章的品目 2716，第 34 章的品目 3406，第 36 章的品目 3605 至 3606，第 42 章的品目 4206，第 46 章的全部产品，第 65 章的品目 6506 至 6507 的产品，第 66 章品目 6602 至 6603 的产品，第 67 章的全部产品，第 68 章品目 6807，第 83 章的品目 8304 至 8305，第 85 章的品目 8519 至 8523 的产品（子目 852352 类除外），第 87 章的品目 8710 和 8715，第 88 章品目 8805 的产品，第 90 章至第 93 章的产品（品目 9113 除外），第 94 章品目 9405 至 9406 的产品，第 95 章至第 97 章的产品（品目 9605、子目 961210 和 961910 除外）

资料来源：世界贸易组织，*World Tariff Profiles 2013*。

第三章

《中国—冰岛自由贸易协定》
原产地规则解读及应用

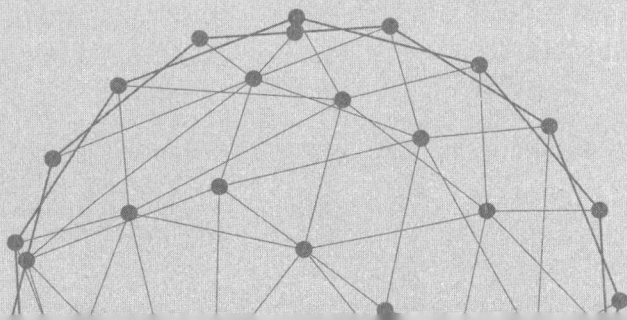

　　货物原产地，又被称为货物的"经济国籍"，尤其在自贸协定货物贸易自由化的实施过程中，发挥着至关重要的作用。简而言之，自贸协定达成的优惠关税安排仅适用于原产于各缔约方的货物，而对于原产于非缔约方的货物具有排他性。自贸协定实施过程中，缔约方之间进出口货物是否具有享受优惠关税待遇的资格，要通过自贸协定确定的统一的一套原产地规则进行判定。只有满足原产地规则并且正确遵守相关程序性操作要求的货物，才能顺利享受自贸协定的关税减免。

　　本章主要对中冰自贸协定第三章原产地规则进行深度解读。通过阅读本章，企业可以了解以下主要内容：

　　1. 中冰自贸协定原产地规则具体有哪些？实务中如何运用？

　　2. 中冰自贸协定项下原产地证书如何申领？实务操作规范有哪些？

　　3. 如何高效、顺利地使用中冰自贸协定项下原产地证书以及做好核查应对？

　　4. 企业如何应用中冰自贸协定原产地规则衍生出的应用策略辅助国际市场开拓，促进业务发展？

第一节　原产地规则深度解读

本节旨在对中冰自贸协定中原产地规则进行详细的解释和说明。通过对协定文本相关条款逐条分析，梳理原产地规则的重要概念、应用方法等，同时采用案例解析和实务指导相结合的形式来阐述该条款在实务中对企业的重要意义。

原产地规则是指确定货物原产地时依据的规则和标准。自由贸易协定原产地规则涉及两方面内容：一是关于产品原产地认定标准的规定，又称为"实体性原则"，包括原产货物的界定及判定标准、零售和运输中所使用的包装和容器的说明、附件、配件及工具的说明、中性材料的说明、直接运输规则以及累积规则、微小含量规则等内容；二是关于原产地规则实施程序的规定，又称为"程序性规则"，包括原产地认证、原产地核查等。

中冰自贸协定的原产地判定规则总体分为两种类型：制度安排的原产地规则（Regime-wide Rules of Origin）和针对具体产品的特定原产地规则（Product-specific Rules of Origin）。协定中制度安排的原产地规则包括：累积规则（第二十六条）、不赋予原产资格的微小加工（第二十七条）、微小含量（第二十八条）、附件、备件和工具（第二十九条）、运输用包装材料和容器（第三十条）、零售用包装材料和容器（第三十一条）、中性成分（第三十二条）、直接运输（第三十三条）。

针对生产过程中使用了非原产材料的情况，中冰自贸协定中并没有采用"实质性改变标准"这一名称，而是直接对可以赋予货物原产资格的判定标准进行了列举，规定了在缔约一方或双方经过制造加工后，所使用的非原产材料符合税则归类改变、区域价值成分、特定加工工序标准或相关标准的组合，才能赋予原产资格。

本节将围绕协定第三章第一节（即第二十一条至第三十三条），对协定的原产地规则逐条进行说明解读。

【协定文本】

第二十一条 定义

在本章中：

"海关估价协定"是指作为《WTO协定》组成部分的《关于实施1994年关税与贸易总协定第七条的协定》。

【条文解读】

中冰自贸协定原产地规则以"定义"开头，结构上符合世界各国优惠原产地规则立法的一般做法。定义规定了原产地规则中所使用的各种术语的法律定义。术语的内容涉及国际法和国际公约中与海关估价、原产地有关的法律领域，同时涉及与货物的生产、销售和运输等有关的专业领域，涵盖范围广、专业性强。需要注意的是，中冰自贸协定对于术语的定义并非源于字典中的词义或者文字性解释，而是具有法律约束力的法律解释，其含义均应当按照定义中的解释理解或者执行。企业只有熟悉定义中的各种术语，对于术语所包含的相关专业知识有一定程度的了解，才能更加准确地理解和运用原产地规则。

"海关估价协定"是指《关于实施1994年关税与贸易总协定第七条的协定》，它是世界贸易组织管辖的一项多边贸易协定，是在《关税及贸易总协定》东京回合谈判达成的《海关估价守则》的基础上修订的。协定的宗旨是规范各成员海关估价的做法，消除或减少海关估价对国际贸易的不利影响，促进世界贸易组织目标的实现，确保发展中国家成员在国际贸易中获得更多的利益。该协定主要确定海关估价的6种方法：成交价格、相同货物的成交价格、类似货物的成交价格、扣除法价格、计算价格、海关估价计算顺序类推法等符合《关税及贸易总协定》有关规定的其他合理方法。此外，该协定对涉及海关估价的其他问题做出规定，对发展中国家给予特殊待遇。

【协定文本】

成本、保险费加运费价格（CIF）是指包括运抵进口国进境口岸或地点的保险费和运费在内经过调整的进口货物价格。

【条文解读】

中冰自贸协定对到岸价格（CIF）的定义使企业在适用第二十五条（区域价值成分）中的间接／扣减公式时能够准确确定非原产材料的价值。根据定义，到岸价格（CIF）是指包括运抵进口国进境口岸或地点的保险费和运费在内的进口货物价格。

【协定文本】

船上交货价格（FOB）指无论货物以何种运输方式在最终离境的口岸或地点的货物价格。

【条文解读】

企业在计算区域价值成分时，无论是使用间接／扣减公式还是直接／累加公式，FOB 价格都是必要的参数。同时，企业如果适用第二十八条（微小含量）规则，也需要准确确定 FOB 价格。实务中出口货物的 FOB 价格由企业与进口商通过合同的方式约定，因此，出口企业通过销售合同、形式发票、商业发票等贸易单据即可确定货物的 FOB 价格。值得注意的是，实务中进出口双方很可能采用其他国际贸易术语，例如，工厂交货价、成本加运费价或者成本、保险费加运费价等，此时企业需要进行价格换算。请看下列案例：

【案例解析】

中国某企业通常与进口方客户采用《国际贸易术语解释通则2020》（*Incoterms 2020*）中的成本、保险费加运费价格（CIF）结算。如企业需要计算区域价值成分以确定产品是否满足中冰自贸协定原产地规则，如何进行价格换算？

答：以 CIF 价格换算 FOB 价格的计算公式如下：

FOB 价 =CIF 价 ×[1-（1+ 投保加成率）× 保险费率] - 运费

【协定文本】

材料指用于生产或转变成另一货物所使用的货物，包括零部件或成分。

【条文解读】

材料在成品的生产过程中通常作为投入品（input）用于各种制造、加工或装配过程。材料通常包括组分、零件、部件、半组装件等。零件是指用来装配成机器、工具等的单个制件，是机械制造过程中的基本单元。例如，内燃机用的曲轴、齿轮、螺母等都属于内燃机的零件。部件是指机器的一个组成部分，由若干零件装配而成。例如，内燃机冷却系统用水泵属于内燃机的一个部件；空调所使用的压缩机属于空调的一个部件。企业在适用中冰自贸协定原产地规则时，通常需要对材料的价值、税则归类以及加工工序做详细的确定。

实务中，企业还需要注意材料的相对性。材料流动于生产过程中，在每一个生产环节，都有可能有材料的投入。从供应链的角度，材料分为两种：一是主材料（Primary Material），指供应链中某个生产环节所投入的原材料。二是次材料（Secondary Material），指在供应链的某个生产环节中用于生产主材料所投入的原材料。主次材料均为相对概念，供应链中某个环节的主材料有可能是后一个环节的次材料。主次材料的概念通常被用于产品的原产地判定和溯源中。

【协定文本】

生产指货物的种植、饲养、开采、收获、捕捞、诱捕、狩猎、制造、加工或装配。

【条文解读】

本条对于生产的定义实际上是按照生产的复杂程度对生产加工方式所做的分类，向企业展现了货物的生产包罗万象的过程。表3-1分析了"生产"定义中列举的生产方法，同时结合材料定义列举了不同生产方法下使用的材料和成品类别。

表3-1 中冰自贸协定中关于"生产"方法的说明

生产方法	投入品（材料）	成品（获得品）
种植、收获、收集、采集	不适用	谷物及谷物制品；蔬菜及水果；咖啡、茶、可可、香料及其制品；牲畜饲料；烟草及烟草制品
开采、提取	不适用	原矿物；金属矿；煤、焦炭及煤砖；石油、石油产品及有关原料；天然气
捕获、捕捞、水产养殖	不适用	鱼（非海洋哺乳动物）、甲壳动物、软体动物和水生无脊椎动物
饲养、繁殖、诱捕；狩猎	不适用	活动物
制造、生产、加工或装配	组分、零件、部件、半组装件及／或已实际上构成另一货物部分或已用于另一货物生产过程的货物	《国际贸易标准分类》第2部门至第9部门的商品

企业在适用中冰自贸协定原产地规则时，需要对货物的生产过程有一定程度的了解。同时，由于证明原产地的主要文件、单据、信息均来自生产环节，企业还需要做好与生产商的原产地信息合作。

【协定文本】

生产者指种植、饲养、开采、收获、捕捞、诱捕、狩猎、制造、加工或装配货物的人。

【条文解读】

生产者定义中人的概念是法律概念，这里的人指自然人或法人，或根据国内法成立的其他任何实体。其中，法人是指根据适用法律组建或组织的任何实体，无论是否以营利为目的，无论属私人所有还是政府所有，包括任何公司、信托、合伙企业、合资企业、独资企业、协会或类似组织。

根据中冰自贸协定第三十七条（原产地声明），具备条件和资质的生产商可出具原产地声明，也可以根据中冰自贸协定第三十六条（原产地证书签发程序）向出口缔约方的签证机构申请签发原产地证书。

根据中冰自贸协定，生产商还须承担某些义务，包括：

第三十八条（经核准出口商）：协助需要开具经核准出口商原产地声明的

贸易商提供生产商声明，确认货物原产资格。

第四十二条（文件保存）：自原产地证明签发之日起3年内，保存充分证明货物原产资格的所有必要记录。

第四十三条（原产地核查）：配合进行原产地核查，如，应进口缔约方主管部门书面要求提供补充信息；或者按照双方海关共同商定的其他程序配合核查开展。

【协定文本】

第二十二条　原产货物

本协定中，货物在满足下列条件之一时应当被视为原产货物：

一、货物按照第二十三条的规定在一方境内完全获得或生产；

二、货物完全在一方或双方的境内生产，且仅使用符合本章规定的原产材料；或者

三、该货物是在一方或双方境内生产的，所使用的非原产材料符合附件4规定的税则归类改变、区域价值成分、工序要求或其他要求，且该货物符合本节其他可适用的规定。

【条文解读】

本条是本章的引领性条款，明确了可被视为原产货物的3类情况，货物属于其中之一就可以获得原产资格。本条使用描述的方法对货物进行分类：第一类是完全获得或者生产的货物；第二类是仅使用原产材料生产的货物；第三类是使用非原产材料生产的货物。

对于第一类货物，中冰自贸协定设定了完全获得或生产货物的清单（详见本指南中针对第二十三条协定文本的解读）。对于第二类货物，该类货物有加工流程（上游原材料→中间产品→下游成品），加工过程中所投入的原材料均原产于协议缔约方。对于第三类货物，中冰自贸协定制定了产品特定原产地规则清单，详细规定每一种货物（每一品目）应当适用的原产地规则（详见第二十四条至第二十五条及附件4的产品特定原产地规则解读）。

【协定文本】

第二十三条 完全获得货物

根据第二十二条第一款，下列货物应当视为在一方境内完全获得：

（一）在一方境内的领土或者海床提取的矿产品；

【条文解读】

本条采用清单模式，对完全获得或者生产货物进行详细解释，明确了完全获得或者生产货物的范围。从体例上来说，本条沿袭了《京都公约》中所提供的标准模式，采用列举方法界定该原则所适用的产品。完全获得或生产标准所界定的原产产品通常为农、林、牧、渔、矿等产业中所涉及的天然产品或初级加工品，其生产或获取过程相对简单。

对于矿产品，包括但不限于：石、沙及砾石，氯化钠、纯盐及食盐，粗天然硼酸盐，硫黄及未焙烧黄铁矿石，黏土，金属矿，原油，天然气，煤，天然矿泉水，冰及雪。表3-2列明了主要矿物产品及其税则编码：

表 3-2 主要矿物产品及其税则编码

品名	HS 编码
石、沙及砾石	2514-2516
氯化钠、纯盐及食盐	2501
粗天然硼酸盐	2528
硫黄及未焙烧黄铁矿石	2502 2503
黏土	2504 2507 2508 2528 2519
金属矿	2601
原油	2709
天然气	2711
煤	2701
天然矿泉水	2201 2202
冰及雪	2201

【协定文本】

（二）在一方收获的植物和植物产品；

【条文解读】

本项的植物是指所有的植物，包括但不限于：蔬菜及水果，谷物，水果及坚果，咖啡，可可，茶，香料，牲畜饲料，烟草，含油子仁及果实，活树及其他活植物，真菌，编结用植物材料，植物油脂，橡胶，棉花。表3-3列明了主要植物产品及其税则编码：

表3-3　主要植物产品及其税则编码

品名	HS 编码
蔬菜及水果	0701-0714
谷物	1001-1008
水果及坚果	0801-0814
咖啡	0901
可可	1801-1802
茶	0902-0903
香料	0904-091
牲畜饲料	1213-1214
烟草	2401
含油子仁及果实	1201-1208
活树及其他活植物	0601
真菌	0712

企业在理解上述清单时应当注意：本项并不完全禁止非原产因素的存在，例如，在中国或冰岛境内采摘的蔬菜为原产货物，但是并不排除进口的蔬菜种子长成的蔬菜产品。

【协定文本】

（三）在一方出生并饲养的活动物；

【条文解读】

本项的动物应当包括一切生命形式的动物。具体包括但不限于：哺乳动物、鸟类、鱼类、甲壳动物、软体动物、爬行动物、细菌和病毒等。表3-4列明了主要活动物及其税则编码：

表3-4　主要活动物及其税则编码

品名	HS 编码
活动物	0101-0106 0307
鱼（非海洋哺乳动物）、甲壳动物、软体动物和水生无脊椎动物	0301 0302 0306 0307

【协定文本】

（四）从上述第（三）项所述活动物中获得的产品；

【条文解读】

本项将从活动物中获得的产品单独列明。这些产品是指从活动物获得的未经进一步加工的产品，包括奶类、蛋类、天然蜂蜜、毛发、羊毛、精液、粪便、蚕茧。表3-5列明了从活动物中获得的主要产品及其税则编码：

表3-5　从活动物中获得的主要产品及其税则编码

品名	HS 编码
奶类	0401
蛋类	0407
天然蜂蜜	0409
毛发	0502
羊毛	5101-5102
精液	0511
粪便	0510-0511

【协定文本】

（五）在一方狩猎、诱捕或者在内陆水域捕捞所获得的产品；

【条文解读】

本项的产品是指在中冰自贸协定缔约方境内用上述方法获得的动物，不限制该动物的存活状态，不要求是否在一方境内出生。表3-6列明了用上述方法获得的主要产品及其税则编码：

表3-6　狩猎、诱捕、捕捞或水产养殖获得的货物主要产品及其税则编码

品　名	HS 编码
活动物	0101-0106 0307
鱼（非海洋哺乳动物）、甲壳动物、软体动物和水生无脊椎动物	0301 0302 0306 0307

【协定文本】

（六）在一方的领海捕捞获得的鱼类和其他产品；

【条文解读】

本项中的领海，按联合国《国际海洋法》（1982年《蒙特哥公约》）的规定，被严格限定在12海里区域。《中华人民共和国领海及毗连区法》第二条至第五条规定，中方领海指邻接中华人民共和国陆地领土和内水的一带海域。中方领海的宽度从领海基线量起12海里。本项的产品是指在协定成员方领海内用上述方法获得的鱼类等海产品。

【协定文本】

（七）在一方登记注册且悬挂该方国旗的船只在一方的领海以外，包括在该方的专属经济区内，捕捞获得的鱼类及其他产品；

【条文解读】

本项中所指"在一方的领海以外"涉及大陆架问题。沿海国的大陆架包括其领海以外依其陆地领土的全部自然延伸，扩展到大陆边外缘的海底区域的海床和底土，包括沿海国陆块没入水中的延伸部分，由陆架、陆坡和陆基的海床和底土构成。同时本项所指水域包括公海，公海是指不包括在国家的专属经济区、领海或内水或群岛国的群岛水域内的全部海域。《联合国海洋法公约》第八十七条规定：公海对所有国家开放，不论其为沿海国或内陆国。公

海自由包括捕鱼自由。

本项中的"船只"一般指渔业船舶。渔业船舶是指从事渔业生产的船舶以及属于水产系统为渔业生产服务的船舶，包括捕捞船、养殖船、水产运销船、冷藏加工船等。

【协定文本】

（八）在一方登记注册且悬挂该方国旗的加工船上仅由第（六）项和第（七）项的产品加工所得的产品；

【条文解读】

本项中的加工船又称渔业基地船，专用于在海上接受捕捞渔船的渔获物，将其加工成各种鱼品，在船上储藏或转运的船，实际上是海上浮动的鱼品加工厂。按捕捞的鱼类、捕捞方式、渔获物加工的成品种类，分为多种专业船，包括鲑、鳟鱼母船、延绳吊母船、鱼粉加工船、捕鲸母船、蟹工船、虾工船等。各种加工船型，排水量从几百吨到几千吨大小不等，特大型渔业加工船满载排水量达2万多吨，设有加工、制冷、动力等多种设备，有充裕的冷藏舱室及加工车间，有较广阔的作业甲板和较大的加工车间，以有利于处理和加工渔获物。

【协定文本】

（九）在一方的领海以外，该方独享开发权的海床或海床底土提取的产品；

【条文解读】

本项是指不包括在国家的专属经济区、领海或内水的全部海域所享有开发权的海域所取得的产品。

【协定文本】

（十）在一方收集的仅适用于原材料回收的旧货；

【条文解读】

对于旧货的原产地判定，要求必须仅用于原材料回收，并且一缔约方需作为该货物的消费国，即对于旧货的原产地判定，并不关注该货物的生产国，而只关注其消费国和收集地。关于废碎料原产地判定，要求必须是在一缔约方制造或者加工过程中产生的，并且这些废碎料仅用于原材料回收或用作另一货物的生产材料。因此对废碎料原产地判定要求其产生国为原产地。

【协定文本】

（十一）在一方生产加工过程中产生且仅适用于原材料回收的废碎料；

【条文解读】

本项中废碎料是指不能再作原用途而仅适于弃置或作原材料回收用的产品。本协定采取以产生废物和废料的国家为原产地的方法。

【协定文本】

（十二）在一方由第（一）项至第（十一）项所列产品加工获得的产品。

【条文解读】

本项为兜底性条款。该兜底性条款规定了在一国生产的没有使用任何从其他国家进口原材料或者零部件的产品完全获得标准。根据该条款，如企业适用本项，则必须确定货物中不含任何其他国家进口或产地不明的原材料。在这种情况下，生产商必须证明出口产品的所有原材料和部件均不含任何他国成分。然而，在实务中想要实现上述证明并不简单，要证明货物属于本项定义的货物往往成本过高或者不具可操作性。因此本项只适用于天然产品或初级加工品，相关产品的产业链较短，容易进行原产地溯源。

【案例解析】

由悬挂冰岛国旗并在冰岛注册的船舶在公海捕获的鱼类。这些鱼类在运抵中国宁波港口之前，在船上经过处理和冷冻。上述鱼类是否被视为冰岛完全获得？

对于渔获产品，协定一般在领海之内和在领海之外采取不同的标准。如果在一国领海之内，那么可以不考虑打捞渔船的船籍。但如果是在领海（12

海里区域）之外捕捞的鱼类，必须是由符合协定规定的船舶捕捞获得的才能视为完全获得，协定采用的是"登记注册＋悬挂该国国旗"的标准。综上所述，本案例中的鱼类应被视为冰岛完全获得。

【协定文本】

第二十四条 税则归类改变

附件 4 所规定的税则归类改变，指货物生产过程中使用的非原产材料在一方或双方境内经过加工后，发生了税则归类的改变。

【条文解读】

税则归类改变标准是货物含有非原产成分时判断货物是否发生实质性改变的一种主要标准。若所有非原产成分的税则归类（即 HS 编码）均与货物的税则归类不同，则认为货物满足税则归类改变标准。这里的非原产成分指的是从自由贸易协定缔约方外进口的原材料或者中间产品。所谓税则归类发生改变，指的是非原产成分发生规定的、基于商品名称及编码协调制度的税则归类的改变，直观来说即 HS 编码的改变。这一改变可能是 2 位税目级的变化（章改变），或者是 4 位税目级的变化（品目改变），抑或是 6 位税目级的变化（子目改变），甚至是 8 位税目级的变化。

税则归类改变标准的优势在于：首先，该标准具有普适性。税则归类改变标准基于商品名称及编码协调制度，该制度在国际贸易中广泛普及。截至 2020 年 10 月 1 日，商品名称及编码协调制度已经被世界上 212 个国家及地区采用，在某种程度上促进了税则归类改变标准的使用。其次，税则归类改变具有简单易用的好处。只要简单地检查物料单或报关单，即可判断进口非原产材料是否满足税则归类改变标准。尽管对于不熟悉税则归类的企业上述判断仍可能会比较复杂，但是税则归类改变标准仍不失为一种客观简洁的原产地判定标准，仅需要识别非原产原材料的和它们的商品归类。当非原产材料被生产商进口至国内时，可以凭借进口报关单上的税则号识别他们的税则归类。从原产地文件管理的角度，该标准要求贸易者保存成品和进口原材料的税则归类记录，在出口商直接进口原材料的情况下，达到记录保存的要求并不困难。

中冰自贸协定中，税则归类改变的具体标准规定在协定附件4中，主要有肯定标准和排除标准两类。其中，肯定标准包括：章改变（2位级税号改变）和品目改变（4位级税号改变）；排除标准是指对于某些适用税则归类改变的产品，规定不能使用某些其他税则的材料，包括对章的排除、对品目的排除。具体分析如下：

肯定标准主要包括章改变和品目改变。章改变要求用于生产货物的所有非原产材料相比货物发生 HS 编码2位税目级的变化。章改变被认为是税则归类改变标准中较为严苛的一种，就本例而言，这样的设计可以起到保护本国食用动物产品的目的。例如，食用动物产品，"产品特定规则"要求发生章改变，如表3-7所示：

表3-7 "产品特定规则"要求发生章改变的示例

章	品目	子目	货品名称	标准
04			乳品；蛋品；天然蜂蜜；其他食用动物产品	
	0407		带壳禽蛋，鲜、腌制或煮过的	从任何其他章改变到该品目

品目改变要求用于生产货物的所有非原产材料相比货物发生 HS 编码4位税目级的变化。例如，无机化学品"产品特定规则"要求发生品目改变，如表3-8所示：

表3-8 "产品特定规则"要求发生品目改变的示例

章	品目	子目	货品名称	标准
28			无极化学品；贵金属、稀土金属、放射性元素及其同位素的有机无机化合物	
	2801		氟、氯、溴及碘	从任何其他品目改变到该品目

税则归类改变的排除标准是指对于某些适用税则归类改变的货物，规定不能使用某些税则号的非原产材料。主要包括对章的排除及对品目的排除（见表3-9、表3-10）。

表3-9 章排除的示例

章	品目	子目	货品名称	标准
2			肉及食用杂碎	从任何其他章改变到该章，但从第01章改变来的除外

从生产的角度来看，生产02章产品的上游原材料通常来自01章。在税则归类中排除01章将无法发生税则归类改变，实际上就是要求02章的产品必须完全获得。

表3-10 品目排除的示例

章	品目	子目	货品名称	标准
	5109		羊毛或动物细毛的纱线，供零售用；	从任何其他品目改变到该品目，但从品目51065107或5108改变来的除外

示例中针对品目5109设计品目改变排除标准，主要是为了防止税则归类改变在判断非原产原材料是否发生实质性改变时有可能的"失灵"。在某些情况下，非原产原材料和最终产品的税则归类即使发生某种数量级的变化，非原产原材料在被加工为最终产品时也没有发生实质性改变。例如，使用品目为5106的羊毛含量为86%的非零售用纱线经过简单的包装、贴标等工序即可成为品目为5109的羊毛含量为86%的零售用纱线。如不规定税则归类的排除，上述工序即使发生了品目改变，产品也不会发生实质性变化。

企业在适用税则归类改变标准时，需要注意以下几点：

判定时企业申报的所有非原产原材料都要经过税则归类改变的测试。

注意将微小含量规则与税则归类改变标准结合适用。在非原产原材料不满足税则归类改变标准时，注意货物是否能够满足微小含量规则（详见第二十八条）。

注意某些章节的税则归类改变标准实际上是完全获得标准的等效表达。例如，根据协定附件4产品特定原产地规则中对于第一章活动物的规则为章改变。由于活动物不存在上游原材料，此时税则归类改变标准实际上是规定完全获得标准。

【实务操作指导】

中国某企业出口感光胶片（HS：37013021），出口目的国为冰岛。产品物料清单如下：

表3-11　出口感光胶片原材料／零部件详细清单表

HS 编码	名称型号	原产国别／地区
35030010	明胶	印度
28432900	溴化银	中国
37071000	感光剂	中国

经查，中冰自贸协定对感光胶片的原产地判定标准：从任何其他品目改变到该品目，如果成品涂有感光乳剂或其他涂层溶剂，则该感光乳剂或其他涂层溶剂须在缔约方生产；如果需要干燥、涂层、剪切及包装工序，则上述工序也应在缔约方完成。该标准属于复合性标准，即出口产品须同时满足税则归类改变标准与特定加工工序标准，才能获得原产资格。本案例中，出口感光胶片（HS：370130）的加工工序为备料—延压—干燥—涂层—贴合—剪切—打孔—包装，其原产地判定逻辑如下：

第一步，分析税则归类改变标准是否满足。该案例中，非原产原材料与产品感光胶片的 HS 编码前4位不同，满足税则归类改变标准。

第二步，分析特定加工工序标准是否满足。该案例中，原材料在生产过程中使用的干燥、涂层、剪切及包装工序，均在中国境内完成，满足特定加工工序标准。

综上所述，该出口产品感光胶片可同时满足税则归类改变标准及特定加工工序标准，根据中冰自贸协定可判定上述产品具备中国原产资格，可以享受协定优惠关税。

【协定文本】

第二十五条　区域价值成分

一、根据第二十二条的第三款，货物的区域价值成分应当依据下列方法计算：

$$RVC = \frac{V - VNM}{V} \times 100\%$$

在上述公式中：

RVC 指以百分比表示的区域价值成分；

V 指按照海关估价协定规定，在船上交货价格（FOB）的基础上调整的货物价值；

VNM 指按照海关估价协定规定，在成本、保险费加运费价格（CIF）的基础上调整的非原产材料的价值。

二、在根据本条第一款计算货物的区域价值成分时，货物生产过程中所使用的非原产材料价值，不应当包括为生产原产材料而使用的非原产材料价值。

【条文解读】

区域价值成分标准（RVC）是增值标准的一种，通过比较各种原材料、非原产材料、费用等构成货物的价值成分的占比，以判断非原产材料是否发生实质性改变。区域价值成分标准也称为增值百分比标准，是从价百分比标准的一种，该标准按照出口货物的进口部分与该货物价值之间的比例关系来确定货物的原产地。制造或加工前的非原产材料价格为其进口或购买价格，制造或加工后的产品价格为其出厂价格或自生产国出口时的价格。货物在某一国家或地区制造或加工，其制造或加工后的货物增值部分超过货物出厂价格或自生产国出口时的价格的一定百分比，即视为该国或该地区为产品的原产地。

从区域价值成分标准可见，货物价值中自贸区内区域价值要满足一定的比例才能获得原产资格。此标准实质上限制了货物生产过程中使用非自贸区原产材料的价值比例。值得注意的是，区域价值成分适用方法和具体比例的具体规定在协定附件4中。中冰自贸协定共计设定了两种比例，即40%和50%（见表3–12）。

表3-12　区域价值成分的适用方法和具体比例示例

章	品目	子目	货品名称	标准
70			玻璃及其制品	货物区域价值成分不低于40%
85	8501		电动机及发电机(不包括发电机组)	从任何其他品目改变到该品目,且货物区域价值成分不低于50%

企业在适用区域价值成分标准时应当注意,非原产材料的价值应在材料进口时CIF的基础上调整得来。如果非原产材料是生产商在国内采购,则其价值为采购价。如果生产商无法判定或者不知道原材料的原产国,则该原材料应当被视为非原产材料。

企业在适用区域价值成分标准时还应当注意以下两点:首先,应当与生产商建立良好的原产地信息合作机制。区域价值成分公式中的与原材料价值有关的信息均应当由生产商提供,同时必须提供相应的证明。其次,企业中应当有会计专业相关人员在计算原材料价值时根据《企业会计准则》做好材料成本核算、成本分摊等专业工作。

【协定文本】

第二十六条　累积规则

一方的原产货物或材料在另一方境内构成另一货物的组成部分时,该货物或材料应当视为原产于后一方境内。

【条文解读】

本条定义累积规则(Accumulation)。累积规则允许中冰双方在生产过程中使用原产于对方国的投入品,最终产品仍然可以获得原产资格。累积规则在生产过程中赋予生产企业更多选择机会,可以选择对方国原产的投入品而不失去最终产品的原产资格。根据本条规定,被累积的产品或材料必须具有中国或冰岛原产资格。例如,中国企业在生产过程中使用的原产于冰岛的原材料、零部件或中间产品被视为中国原产,而不被视为"进口"或者"非原产"。

【实务指导】

中国某企业出口铝制咖啡壶(HS:76151090),生产咖啡壶所用的原料非合金铝型材及异形材（HS：76041090）为冰岛生产，出口目的国为冰岛，出口 FOB 金额为54000美元。生产工序为投料—冲压—车平—组装—质检—出厂，产品物料清单如表3-13所示，该产品是否为中国原产？

表3-13 咖啡壶所用的原料铝锭原材料 / 零部件表

HS 编码	名称型号	CIF 单价（美元）	单位用料	CIF 价与商品FOB 价比率（%）	原产国别 / 地区
76041090	非合金铝型材及异形材	32400	1	60	冰岛

本案例中，企业生产咖啡壶所用的原料为冰岛生产。依据中冰自贸协定中的累积规则，用冰岛原产的铝锭，在中国境内生产铝制咖啡壶，该批铝锭应当视为中国原产可享受协定优惠关税待遇。

【协定文本】

第二十七条 不赋予原产资格的微小加工

一、下列操作或加工工序不得赋予货物原产资格：

（一）为确保货物在运输或储存过程中完好无损而进行的保存工序；

（二）包装的拆解和组装；

（三）洗涤、清洁、除尘，去除氧化物、油、漆以及其他涂层；

（四）纺织品的熨烫或压平；

（五）简单的上漆及磨光工序；

（六）谷物及大米的去壳、部分或完全的漂白、抛光及上光；

（七）食糖上色或加工成糖块的工序；

（八）水果、坚果及蔬菜的去皮、去核及去壳；

（九）削尖、简单研磨或简单切割；

（十）过滤、筛选、挑选、分类、分级、匹配（包括成套物品的组合）；

（十一）简单的装瓶、装罐、装袋、装箱、装盒，固定于纸板或木板以及其他任何简单的包装工序；

（十二）在产品或其包装上粘贴或印刷标志、标签、标识及其他类似的用于区别的标记；

（十三）对无论是否为不同种类的产品进行的简单混合；

（十四）把物品零部件装配成完整品或将产品拆成零部件的简单装配或拆卸；

（十五）仅为方便港口装卸所进行的工序；

（十六）屠宰动物；以及

（十七）第（一）至第（十六）项中的两项或多项工序的组合。

二、在本条中：

（一）简单，通常用来描述既不需要专门的技能，也不需要专门生产或装配机械、仪器或装备的行为。

（二）简单混合，通常指既不需要专门的技能，也不需要专门生产或装配机械、仪器或装备的行为。但是，简单混合不包括化学反应。

【条文解读】

本条定义了生产过程中的各种微小加工和处理的情形。虽然这些加工也属于生产行为，但是根据本条规定，清单中列明的工序无论是单独进行还是相互结合进行，这些生产过程无法将生产中使用的非原产材料转化为原产货物，无法赋予货物原产资格。对中国生产企业来说，当使用非原产材料在中国境内进行加工时，如果只经过上述微小加工和处理所定义的加工工序，无论是单独进行还是多种工序同时进行，均不能使最终产品满足自贸协定项下的原产资格。

这一规则并不是指经过了上述工序的产品一概不具有原产资格，如果产品既发生了能够赋予其原产资格的实质性改变，又经过了上述工序中的一种或者几种，此时该产品仍然具有自贸协定项下的原产资格。

【实务指导】

中国某企业出口综合果蔬干（HS：08135000），原料为越南原产的菠萝干（HS：08043000）、红薯条（HS：20052000）、香蕉干（HS：08039000）和香菇干（HS：07123910），出口目的国为冰岛，出口 FOB 价为31000美元。综合果蔬干的生产工序为：投料—混合—质检—包装。该综合果蔬干能否获得中国原产资格？

根据中冰自贸协定微小加工规则，该企业生产综合果蔬干时对越南原产的不同种类果蔬干进行了简单混合和装袋，均应视为微小加工，不得赋予中国原产资格。

【协定文本】

第二十八条　微小含量

在下述情况下，货物虽不满足附件4规定的税则归类改变要求，但仍应当视为原产货物，如果：

（一）不满足税则归类改变要求的全部非原产材料（包括原产地不明的材料），按照第二十五条确定的价值不超过该货物船上交货价格（FOB）的百分之十；并且

（二）该货物满足其所适用的本节所有其他规定。

【条文解读】

根据本条，微小含量规则通常被作为税则归类改变标准的例外情况，在某种程度上微小含量放宽了原产地规则，如果货物含有不符合原产地规则的非原产材料，若该非原产材料的占比在一定的百分比内，则该货物仍可被认为是原产，因此又称为"容忍规则"。在适用税则归类改变标准的条件下，如果最终产品采用了很少的非原产材料，但由于非原产材料不满足特定的税则归类改变标准，将导致最终产品无法获得原产资格。鉴于非原产材料非常微量，这种标准过于僵硬，结论也显得不是很合理。因此，该条款可以看作税则归类改变标准的软化剂，使不满足税则归类改变标准的产品在特定条件下也可获得原产资格。企业在适用微小含量规则时应当注意：微小含量规则不可以单独使用，必须与税则归类改变标准配套使用，并且是在税则归类改变标准无法满足时使用。

【实务指导】

中国某企业出口海鱼饲料（HS：23099090），出口目的国为冰岛，FOB金额为45000美元。产品物料清单如表3-14所示，该海鱼饲料是否可以视为中国原产？

表3-14　海鱼饲料相关产品物料清单表

HS 编码	名称型号	CIF 单价（美元）	单位用料	CIF 价与商品 FOB 价比率（%）	原产国别／地区
23040010	豆饼	3600	1	8	巴西
11022000	玉米细粉	18000	1	40	中国
11042910	经其他加工的大麦	4500	1	10	中国
05069019	骨粉	4500	1	10	中国
21021000	活性酵母	900	1	2	中国

【案例分析】

一、确定产品适用的原产地规则。海鱼饲料原材料中含有巴西原产豆饼，即含有非原产原材料。根据中冰自贸协定特定原产地规则，23章的产品的原产地判定规则为"从任何其他章改变到该章"，即章改变标准。非原产原材料豆饼前2位税则号为23，海鱼饲料的前2位税则号也为23，没有发生章改变。

二、确定产品是否满足微小含量规则。根据中冰自贸协定微小含量规则，即使海鱼饲料中含有不符合税则归类改变标准的非原产材料，只要该非原产成分不超过海鱼饲料FOB价值的10%，仍应将海鱼饲料视为中国原产。本案例中虽然巴西产豆饼HS编码前两位与海鱼饲料一致，没有发生章改变，但是豆饼价值占海鱼饲料FOB价值的比例仅为8%，低于10%的标准，满足微小含量规则。

综上所述，对于该海鱼饲料，为中国原产，可享受协定关税优惠。

【协定文本】

第二十九条　附件、备件和工具

在货物原产地的确定过程中，与货物一同报验的附件、备件或工具在进口时，如符合下述条件，应当不予考虑：

一、附件、备件或工具与产品一并归类且不单独开具发票；以及

二、上述附件、备件或工具的数量及价值在正常范围之内。

【条文解读】

附件、备件及工具是指通常和机器、设备、车辆等货物同时进口，并且与货物一同销售的附件、备件及工具，凡是在种类和数量上与所属设备正常匹配的，应视为与其所属设备属于同一原产地。

根据本条规定，企业在适用中冰自贸协定原产地规则时，对于附件、备件和工具应该采用下列方法：

确定附件、备件和工具不单独开具发票，同时在数量及价值上均为根据习惯为该货物正常配备。在具备上述前提条件的情况下，才能够适用本条的相关规则。

如果货物适用税则归类改变标准进行原产地判定，则不考虑附件、备件和工具。

如果企业采用产品特定原产地规则中规定的区域价值成分标准，则需要首先确定附件、备件和工具是否为原产。如果附件、备件和工具为原产，则计入原产材料价值。如果附件、备件和工具为非原产，则计入非原产材料价值。

【实务指导】

中国某运动器材公司出口跑步机（HS：95069111），配跑步机安装工具一套（HS：82079010），FOB金额为284.8美元/台，仅开具一张发票，出口目的国为冰岛。跑步机物料清单如表3–15所示，该跑步机是否可判定为中国原产？

表3–15 跑步机原材料/零部件清单表

HS 编码	名称型号	CIF 单价（美元）	单位用料	CIF 价与商品 FOB 价比率（%）	原产国别/地区
73063090	铁管	36.47	1	12.80	中国
95069111	塑胶配件（跑步机的零件及附件）	30.50	1	10.70	中国
95069111	五金配件（跑步机的零件及附件）	7.80	1	2.73	中国
85013200	马达	47.75	1	16.76	中国

续 表

HS 编码	名称型号	CIF 单价（美元）	单位用料	CIF 价与商品 FOB 价比率（%）	原产国别/地区
44119410	跑步机板	8.12	1	2.85	中国
90291010	转数计	39.50	1	13.87	中国
95069111	滚轴（跑步机的零件及附件）	13.97	1	4.90	中国
95069111	跑步带（跑步机的零件及附件）	9.17	1	3.20	泰国
81079010	安装工具	5.67	1	1.99	中国

该案例中跑步机的安装工具与跑步机开具在同一张发票上，一同报关进口，满足附件、备件及工具前提要求，作为附件，在确定跑步机的原产地时不予考虑。根据中冰自贸协定产品特定原产地规则，跑步机适用区域价值成分不低于40%标准。通过扣减法计算跑步机区域价值：$RVC =（284.8-9.17）÷284.8×100\% ≈ 96.78\%$，满足区域价值成分40%的要求，符合协定区域价值成分标准，可判定为中国原产，享受协定优惠关税待遇。

【协定文本】

第三十条　运输用包装材料和容器

在确定货物原产地时，运输用的包装材料和容器应当不予考虑。

【条文解读】

在解读本条定义前，有必要对包装进行界定。包装包括两种：一是运输包装（packing materials and containers），一是销售包装（packaging materials and containers）。

运输用包装又称"外包装"或"大包装"，是为保护商品数量、品质和便于运输、储存而进行的外层包装，主要有单件（运输）包装和集合（运输）包装两类。前者按包装的外形分，有包、箱、桶、袋、篓、管、卷、捆、罐等；按包装的结构方式分，有软性包装、半硬性包装、硬性包装；按包装材料分，有纸制、金属制、木制、塑料、棉麻、陶瓷、玻璃制品、草柳藤编织制品等。后者是将若干单件运输包装组合成一件大包装，如集装箱、集装包、集装袋、托盘等，有利于提高装卸速度、减轻装卸搬运劳动强度、便利运输、保证货物数（质）量，并促进包装标准化，节省运杂费用。

根据本条规定，运输用包装对于货物原产地无影响的，在判定货物原产地时，不考虑其运输用包装。

【协定文本】

第三十一条 零售用包装材料和容器

对于应当适用附件 4 所列税则归类改变标准的货物，如果零售用包装材料及容器与该货物一并归类，则在确定该货物的原产地时，零售用包装材料及容器应该不予考虑。但是，对于必须满足区域价值成分标准要求的货物，在确定该货物的原产地时，零售用包装材料及容器的价值应当视情况作为原产材料或非原产材料予以考虑。

【条文解读】

零售用包装又称"内包装"，是直接接触商品并随商品进入零售网点，可与消费者或用户直接见面的包装。

具体而言，根据本条规定，企业在适用中冰自贸协定原产地规则时，零售用包装对于货物原产地的影响如下：

如果适用完全获得标准、仅使用原产材料生产标准或者税则归类改变标准，零售用包装对于货物原产地无影响，在判定货物原产地时，不考虑其零售包装。

如果采用区域价值百分比标准，在计算时必须将零售包装的价值也计算在内。如果零售用包装是原产，则计入原产材料价值中；如果零售用包装是非原产，则计入非原产材料价值中。

【实务指导】

中国某公司出口预灌封注射器新冠肺炎疫苗（HS：30029090），新冠肺炎疫苗的生产工序为：提取病毒—vero 肾细胞培养病毒—β - 丙内酯灭活—纯化、铝基佐剂吸附—分装。疫苗物料清单如表3-16所示：

表3-16　新冠肺炎疫苗原材料/零部件清单表

HS 编码	名称型号	CIF 单价（美元）	单位用料	CIF 价与商品FOB 价比率（%）	原产国别/地区
30029090	新冠病毒毒株	0.45	1	3	中国
05119990	vero 肾细胞	0.75	1	5	中国
29322090	β–丙内酯	0.45	1	3	中国
28352200	磷酸氢二钠（十二水）	0.15	1	1	中国
25010019	氯化钠溶液	0.15	1	1	中国
28352200	磷酸二氢钠（一水）	0.15	1	1	中国
28183000	氢氧化铝	0.15	1	1	中国
70109090	管状硼硅玻璃瓶	2.25	1	15	德国
90183210	针尖	0.15	1	1	中国

该疫苗单支独立包装在预灌封注射器（HS：70171000）内，注射器的玻璃瓶身为德国原产，使用时直接注射。疫苗出口目的国为冰岛，出口 FOB 金额为15美元/支。该疫苗是否为中国原产？

根据中冰自贸协定的零售用包装材料和容器规则，预灌封注射器为疫苗的容器，与疫苗一并归类和销售。根据产品特定原产地规则，HS 编码为30029090的疫苗适用的原产地规则为章改变标准。由于疫苗适用税则归类改变标准，因此疫苗的容器（预灌封注射器）在确定疫苗原产地时不予考虑。在上述情况下，中国生产的新冠肺炎疫苗从病毒提取到纯化吸附，所有的原料均为中国原产，全部加工工序均在位于中国境内的生物车间内完成。该新冠肺炎疫苗符合协定原产地规则第二十二条（原产货物）第二款的规定，为在中国完全使用原产材料生产的产品，应该判定为中国原产，享受协定优惠关税待遇。

【实务指导】

中国某乐器公司出口小提琴（HS：92021000），配日本进口琴盒（HS：42029200）70美元/个，出口目的国为冰岛，出口 FOB 金额为200美元/把。产品原材料/零部件清单如表3-17所示，琴盒与小提琴一起出售时，其原产地应该是日本还是中国？是否能享受中冰自贸协定关税优惠待遇？

表3-17 小提琴原材料/零部件清单表

HS 编码	名称型号	CIF 单价（美元）	单位用料	CIF 价与商品 FOB 价比率（%）	原产国别/地区
44079990	木材	30	1	15.0	中国
32082010	油漆	14	1	7.0	中国
92099200	尼龙琴弦	15	1	7.5	德国
42029200	琴盒	70	1	35.0	日本

从以上介绍可以得出两个关键点：一是生产小提琴所用的全部原材料中含有进口成分的非原产材料；二是从日本进口的琴盒作为小提琴的零售用包装盒随小提琴一起整体出售。

根据第一个关键信息，如果生产过程中使用了含有进口成分的非原产材料，那么，其产品的原产地判定须依据相关协定中的产品特定原产地规则所适用的标准来进行。经查，协定中小提琴所适用的规则是：区域价值成分不低于40%。区域价值成分 = （200-15-70）÷200×100% =57.5% ≥ 40%，小提琴符合中冰自贸协定的原产地规则。

第二个关键信息，琴盒不是独立销售，而是随产品一起归类并整体出售，此种进口包装容器该如何确定其原产地，以下将详细介绍。

根据中冰自贸协定中对零售用包装材料和容器的规定，即零售用包装材料和容器标准的规定。对于应当适用附件4所列税则归类改变标准的货物，如果零售用包装材料及容器与该货物一并归类，则在确定该货物的原产地时，零售用包装材料及容器应该不予考虑。但是，对于必须满足区域价值成分标准要求的货物，在确定该货物的原产地时，零售用包装材料及容器的价值应当视情况作为原产材料或非原产材料予以考虑。

在此案例中此标准是否适用呢？如果产品原产地的判定适用产品特定原产地规则中税则归类改变标准时，零售用包装材料及容器的原产地不予考虑；如果产品的原产地判定适用区域价值成分标准，零售用包装材料及容器的价值则须计入原产材料或非原产材料的价值中予以考虑。从全球范围来看，部分自由贸易协定未涉及包装及容器的原产地判定，有些对包装及容器的原产地完全不予考虑，但是大多数自由贸易协定均采纳《京都公约》的建议，总体上使用以下模式判定包装和容器的原产地：第一种是，若整体货物的原产地需要适用从价百分比标准判定，则需要明确判定包装和容器的原产地；第二种是，若整体货物的原产地需要适用税则归类改变标准判定，则包装和容器的原产地不予考虑。

综上所述，小提琴的原产地判定适用的是区域价值成分标准，那么作为随小提琴一并归类且整体出售的琴盒，其价值应与其他非原产材料的价值一并计入核算。经核算，小提琴的区域价值成分为57.5%≥40%，符合中冰自贸协定的原产地规则，可判定具有中国原产资格，而随小提琴一并出售的琴盒自然也和小提琴一起被判定为中国原产。

以上案例有两点启示：（一）在确定货物的原产地时，为便于运输所用的包装材料和容器不适合本规则；（二）货物完全在一个缔约方生产或获得或使用其他缔约方的原材料生产的货物不适用本规则。

【协定文本】

第三十二条　中性成分

一、在确定产品的原产地时，本条第二款所指的中性成分的原产地应当不予考虑。

二、中性成分是指货物生产中使用的物品，该物品既不构成该货物物质成分，也不成为该货物组成成分，其范围包括：

（一）燃料、能源、催化剂和溶剂；

（二）用于测试或检验货物的设备、装置和用品；

（三）手套、眼镜、鞋靴、衣服、安全设备和用品；

（四）工具、模具及模型；

（五）用于维护设备和厂房建筑的备件和材料；

（六）在生产中使用的，或者用于运行设备或设施的润滑剂、油（滑）脂、合成材料和其他材料；以及

（七）在货物生产过程中使用，虽不构成该货物组成成分，但能合理地表

明为该货物生产过程中一部分的其他任何货物。

【条文解读】

中性成分（间接材料）与生产中使用的直接材料相对，是在生产加工过程中有助于货物形成或便于生产的进行，但不构成货物实体的各种材料，包括但不限于在生产中所使用的能源、燃料、工具、机器设备等。虽然这些材料用于生产，但未构成最终产品的组成部分。

企业可根据本条中的中性成分清单，结合自身生产情况判定材料是否属于中性成分。对于属于中性成分范畴的材料应当视为原产材料。在根据中冰自贸协定原产地规则进行判定时，对于中性成分：

如适用特定原产地规则中的税则归类改变标准和化学反应标准（特定加工工序标准），则中性成分对判定无影响，因为中性成分被视为原产材料。

如适用特定原产地规则中的区域价值成分标准，由于中性成分价值计入原产材料价值，企业采用区域价值成分公式进行计算时应将中性成分的价值计入货物FOB价格的核算。

【实务指导】

中国某企业生产聚醚（HS：39072090），其原材料中含有沙特生产的乙二醇（HS：29053100）占比约8%，出口总FOB金额为13000美元，出口目的国为冰岛。该产品是否视为中国原产？物料清单如表3-18所示。

第一步，确定聚醚的原材料。本案例的聚醚生产工序为：投放起始剂乙二醇，投放催化剂氢氧化钠，充气体丙烷，混料聚合，过滤除杂。聚醚主原料为丙烷，按协定中性成分规则，作为催化剂的氢氧化钠作用是促进丙烷开环，不构成聚醚的主要成分，因此不作为聚醚原材料。而作为起始剂的乙二醇，其作用在于提供活泼氢原子，和丙烷进行聚合反应得到聚醚。可见，乙二醇应该被视为聚醚的原材料。

第二步，进行原产地分析。根据协定产品特定原产地规则，品目为3907的产品为初级形状的聚缩醛、其他聚醚及环氧树脂；初级形状的聚碳酸酯、醇酸树脂、聚烯丙基酯及其他聚酯的特定原产地规则为从任何其他品目改变到该品目，且货物区域价值成分不低于50%。

聚醚原产地判定适用复合性标准，即税则归类改变标准与区域价值成分标准"二者同时满足"。

表3-18 生产聚醚的物料清单

HS 编码	名称型号	CIF 单价（美元）	单位用料	CIF 价与商品 FOB 价比率（%）	原产国别/地区
27111200	丙烷	9100	1	70	中国
29053100	乙二醇	1040	1	8	沙特

首先，分析税则归类改变标准是否满足。所有原材料与聚醚 HS 编码前4位不同，即满足品目改变标准，且使用的丙烷为中国原产，满足税则归类改变标准。

其次，分析区域价值成分是否满足。除了乙二醇是沙特生产，其余原材料均为中国原产，生产过程中均在中国境内完成，通过倒减法计算聚醚区域价值：RVC=（13000-1040）÷13000×100%=92%>50% 满足区域价值成分标准。

综上所述，该企业出口聚醚的同时满足税则归类改变标准及区域价值成分标准，具备中国原产资格，可以享受协定优惠关税。

【协定文本】

第三十三条 直接运输

一、本协定的优惠关税税率应适用于符合本章规定并在双方之间直接运输的货物。

二、依照第一款，如下情形应当视为在出口方与进口方之间直接运输：

（一）货物运输途中未经过任何非缔约方；

（二）货物经由一个或多个非缔约方境内转运，不论是否在这些非缔约方转换运输工具或临时储存，但须同时满足下列要求：

1. 转运理由须出于地理原因，或者由于运输需要；

2. 货物在其境内不得进入贸易或消费领域；以及

3.除卸载、换载、物流分拆或者为使货物保持良好状态而进行的必要处理外，货物不得在其境内进行加工或其他处理，且货物在其境内转运中须置于海关监管之下。

三、在货物申报进口时，应当向进口方海关提交上述非缔约方海关所出具的证明文件，或者其他进口方海关认可的证明文件，以证明货物符合上述第二款的规定。

【条文解读】

本条定义了直接运输规则。直接运输规则是为了确保到达中冰双方进口国的产品与离开中冰双方出口国的产品完全一致，该规则可以降低在运输途中遭到人为操纵或者被掺杂非优惠货物的风险。从这个意义上说，直接运输规则并非严格意义上的判定原产的规则，而是一种行政手段，用来防止运输途中对原产产品所进行的欺诈行为。

由于中冰两国之间地理位置较远，直接运输在实践中存在不可行或成本较高等原因，中冰自贸协定对直接运输的要求相对宽松，在某些情况下允许转运，但规定了前提条件：一是在中转国（地区）境内不得进入贸易或消费领域；二是在转运过程中不得对产品进行加工；三是产品需要处于转运国（地区）海关的监控之下；四是需要提供进口方海关认可的证明货物符合本条第二款的证明文件等佐证材料。

【实务指导】

中国某企业出口打蛋器（HS：39241000），出口目的国为冰岛，海运路线为苏州—上海—鹿特丹—雷克雅未克。该批货物是否符合直接运输规则？

该企业生产所用的原料均为中国生产，生产加工均在中国境内完成，依据中冰自贸协定原产地规则，应当判定为中国原产。

从运输路线上看，由于至今尚未有中国直达冰岛的海运航次，从中国港口经欧基港转运成为必然。本案例中，此批打蛋器仅在荷兰鹿特丹港卸载再重新装船，没有再加工，也没有进入贸易或者消费领域。依据中冰自贸协定直接运输规则，此批货物符合相关要求，应该给予协定关税优惠。

由于荷兰为非中冰自贸协定缔约国，在货物进口申报时，如果冰岛海关提出要求，需要提供"未再加工证明"等证明材料，证明此批货物符合直接运输规则。

第二节　原产地证书申领操作指导

在自贸协定实施过程中，进出口货物享受关税减免待遇的前提是具有原产资格，而原产资格认定的形式为获得原产地证书。在本章第一节详细解读中冰自贸协定原产地规则的基础上，本节将聚焦中冰自贸协定项下原产地证明申领的实务操作，帮助中国广大进出口企业更好地掌握通过原产地证书顺利享受优惠关税待遇的方法。

一、享受关税优惠待遇的必备条件——优惠原产地证书

中冰自贸协定下，企业出口至缔约国的产品要想享受协定税率优惠，应向进口国海关提交下列原产地证明文件之一：向出口方签证机构申请签发优惠原产地证书，或者经核准出口商出具原产地声明。以下分别对两种证明进行说明：

第一种是优惠原产地证书。优惠原产地证书是相对于非优惠原产地证书而言的，主要用于享受关税减免待遇，一般是指区域性优惠贸易协定项下出口货物原产地证明书，是由区域性自由贸易协定缔约方的授权机构签发的证明出口货物原产地的凭证，是货物进入国际贸易领域的"经济国籍"与"护照"，是通向国际市场的"金钥匙"和"有价证券"。

中冰自贸协定项下原产地证书，是中冰自贸协定缔约方中出口方签证机构根据出口商申请，签发的证明出口货物符合中冰自贸协定原产地规则的证书，以便在进口方成员国海关享受优惠关税待遇。

与冰岛开展国际贸易的中国企业，货物在出口时可以向中国海关或中国国际贸易促进委员会（以下简称"中国贸促会"）及其地方签证机构申请签发

中冰自贸协定项下原产地证书,并在进口时向进口方海关提交,以申请享受优惠关税待遇。优惠原产地证书应在货物出口前或出口时签发,并自签发之日起1年内有效。

一份有效的中冰自贸协定项下优惠原产地证书应符合以下规定:

1. 具有不重复的证书编号;

2. 涵括同一批进口货物的一项或多项货物;

3. 注明货物具备本协定所规定的原产资格的依据;

4. 含有诸如出口方通知进口方的签名或印章样本等安全特征,并且

5. 以英文打印填制。

第二种是经核准出口商出具的原产地声明。在创新模式下,中冰自贸协定中采用了基于"经核准出口商"制度的原产地自主声明体系,即进口方向海关申报时,可凭拥有"经核准出口商"身份的出口方自主出具的原产地声明直接申明享受优惠待遇,无须再提交原产地证书。所提交的原产地声明格式可参考协定附件中提供的专门格式,填制时的必要元素包括"经核准出口商授权号码"和"原产地声明序列号"、商业单证的签发日期以及商业单证号码等,同时所列货物不得超过20项;而未获得"经核准出口商"资格的企业仍需向签证机构申领原产地证书。原产地声明自填具之日起12个月内有效。

在了解清楚中冰自贸协定项下两类原产地证明的特点之后,关于上述两类原产地证明的作用、办理时间以及是否必须等问题,以下将进行详细解答。

（一）中冰自贸协定项下原产地证书的作用

中冰自贸协定项下原产地证书的作用主要包括以下四个方面:

1. 减免进口关税

货物在进口方入境报关时,凭借中冰自贸协定项下原产地证书即可享受优惠关税待遇。

2. 信用证结汇单据

当使用信用证（跟单信用证）作为国际贸易结算方式时,中冰自贸协定项下原产地证书经常会作为必须提交的单据出现在信用证的单据条款（46A:

Documents Required）中。

3. 进行贸易统计的依据

各国海关对进出口货物贸易的统计（即海关统计），在各国政府研究和制定对外贸易政策、调控国家宏观经济方面起着十分重要的决策辅助作用。原产地证书是各国海关判断进口货物原产国别、进行海关统计的重要依据之一。此外，原产地证书还主要用于辅助双方海关对自贸协定实施效果的监测。

4. 原产地声明形式具有促进贸易便利化的效果

在贸易便利化背景下，中冰自贸协定同时采用了基于"经核准出口商"制度的原产地自主声明体系。即出口方具有"经核准出口商"身份的企业，可以依据协定第三章规定的原产地规则，对于可获得协定项下中国原产资格的货物自主出具原产地声明文件（协定通过附件6规定了具体格式），文件中载明该"经核准出口商"的唯一授权号码和拟申请享受优惠关税待遇的货物详细信息。进口人向海关申报时，可凭出口方提供的原产地自主声明文件清关，无须再提交原产地证书。原产地声明有效期为自填具之日起12个月内。

（二）何时需要办理中冰自贸协定项下原产地证书

如果进出口货物在中冰自贸协定可减税产品范围内且符合协定原产地规则要求，即可在货物装运前或装运时申请办理原产地证书。在特殊情况下未能在出口前或出口时签发原产地证书的，可以在货物装运之日起1年内补发原产地证书并注明"补发"字样。"经核准出口商"须在货物进口前填具并提交原产地声明。

（三）提交中冰自贸协定项下原产地证书义务的免除

根据中冰自贸协定，在任一批次原产货物的价值不超过600美元或该方币值等额，或在该方国内法规规定的其他具有原产资格的货物的情况下，则无须办理中冰自贸协定项下原产地证书。然而，当进口方海关确认该项进口是为规避原产地证书或原产地声明的提交要求而实施的一次或多次进口的一部分，则不能享受免除原产地证书提交义务。

二、原产地证书的申办程序

（一）申办条件

中国企业为出口货物办理中冰自贸协定项下原产地证书应具备以下条件。

1. 申办主体：出口商、生产商或出口商依据国内法授权的代理人。

2. 文件资料：申请人应准备好商业发票、装箱单、提单、原材料采购发票、进口原材料报关单或进口增值税发票及其他佐证材料等资料。

3. 出口产品：符合中冰自贸协定原产地规则，此为申请签发中冰自贸协定项下原产地证书的关键条件。如果产品的生产加工不符合中冰自贸协定原产地规则要求，则货物无法获得中国原产资格，不能享受关税减免。

企业需查询中冰自贸协定关税减让表和原产地规则来了解出口货物是否符合协定要求，也可咨询签证机构工作人员。

查询方法介绍：可通过中国自由贸易区服务（http://fta.mofcom.gov.cn/）、中国贸促会 FTA 服务网（http://www.ccpit-fta.com）或海关总署相关网站，查询中冰自贸协定文本，准确掌握原产地规则要求及协定税率、降税安排等关键信息。

（二）申办流程

2019年10月15日起，对外贸易经营者备案和原产地企业备案"两证合一"正式实施，详见《中华人民共和国商务部 中华人民共和国海关总署 中国国际贸易促进委员会公告》（2019年第39号），企业在商务主管部门完成对外贸易经营者备案后，视同完成中国海关或中国贸促会的原产地企业注册备案手续，可直接登录签证机构的原产地申报系统办理证书。

以企业在中国贸促会申办优惠原产地证书流程为例：

目前，中国贸促会注册企业分为线上注册和线下注册两种情况，所谓线上注册，企业即"两证合一"之后，注册企业的信息直接由商务部推送至中国贸促会。因特殊情况，推送信息不成功的企业，可以直接联系当地贸促会进行线下注册。

1. 线上注册的企业在中国贸促会原产地证书申办流程如下：

（1）登录

企业完成对外贸易经营者备案后，登录中国贸促会原产地证书申报系统
http://qiye.ccpiteco.net/；

首次登录直接输入"统一社会信用代码"，点击"登录"按钮即显示初始
密码，登录成功后将跳转到修改密码页面（见图3-1）。

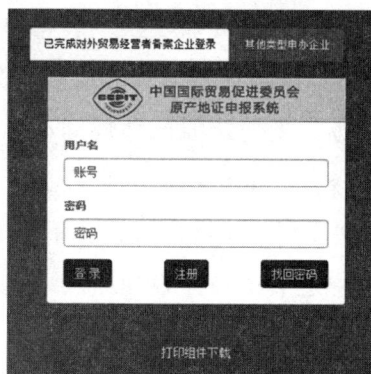

图3-1　原产地申报系统登录页面

（2）新建手签员

点击"新建手签员"按钮，填写相关信息，下载手签员授权书，填写后提
交（见图3-2）。

图3-2　新建手签员相关页面

（3）上传企业印章

点击"企业印章"按钮，按界面提示要求上传本企业印章电子图片，若未按要求上传印章图片，企业领取原产地证书时，需携带印章并需于签证机构现场完成盖章等操作。

（4）填报产地证书信息

手签员信息和企业印章审核通过之后，企业可按界面提示进行原产地证书信息录入，填写完原产地证书详细信息并保存之后，点击"发送"按钮，提交至中国贸促会，等待审核。

（5）领取原产地证书

提交原产地证书申请后，即可查看原产地证书状态，当状态变为"已发证"，表示中国贸促会审核通过，即可到当地贸促会领取证书。

（6）原产地证书的查询网站：

企业可以使用证书上的 CO Certificate No（申请号）和 CO Serial No（印刷号）在 http://check.ccpiteco.net 上查询证书内容及辨别真伪（见图3-3）。

图3-3 原产地证书查询页面

2. 线下注册企业在中国贸促会原产地证书申办流程如下：

2019年10月15日之前已完成中国贸促会原产地备案的企业，或者商务部推送信息不成功的企业申办原产地证书操作流程不变，仍然采用线下注册方式。

不办理对外贸易经营者备案的其他主体（如生产商、保税区内从事国际贸易的企业、外商投资企业等），点击"其他类型申办企业"按钮，按照提示进行相关操作。

3. 特别服务事项办理

（1）备案地迁移申请

如在 A 市商务局完成备案的企业因特殊原因不在 A 市贸促会申办原产地证书，可申请将备案地迁移到 B 市贸促会。企业选择要迁移的地区和贸促会，点击"发送"按钮，即可发送申请（见图3-4）。

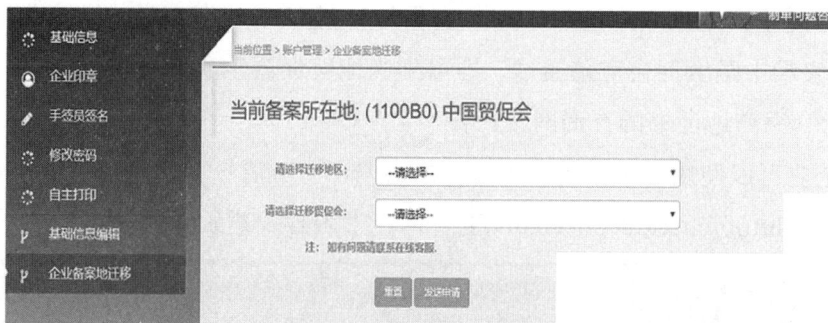

图3-4　企业备案地迁移页面

发送完成后，企业可查看迁移申请状态（见图3-5）。

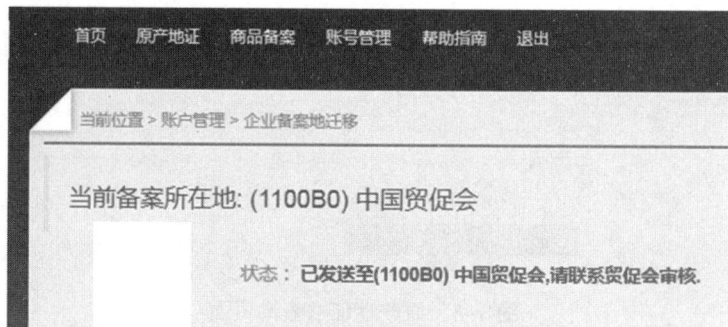

图3-5　企业备案地迁移申请状态

（2）中国贸促会原产地证书自主打印服务申请

原产地证书自主打印是中国贸促会原产地电子政务平台建设的一项突出

成果，它可以通过先进的技术保障，支持企业足不出户完成原产地证书的自主打印，实现真正意义上的"不见面办公"。

企业如申请中国贸促会原产地证书自主打印服务，可点击"自主打印"按钮，查看"自主打印企业申请材料"和"贸促会原产地证书打印机清单"后，按要求上传申请资料，提交后等待中国贸促会审核（见图3-6）。

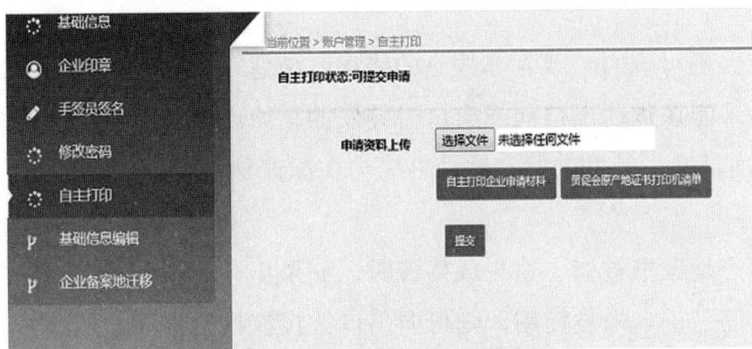

图3-6 原产地证书自主打印页面

（3）其他主体申办流程

不需要进行对外贸易经营者备案的其他主体（如生产商、保税区内企业等），点击"其他类型申办企业"按钮，按照提示进行相关操作（见图3-7）。

图3-7 其他类型申办企业登录页面

（4）在线客服

企业在注册、登录系统和制单过程中，有任何疑问可直接联系在线客服或者咨询当地贸促会。

以上申办流程的详细操作指南见中国贸促会官网，由于存在系统升级及相关规定变化等情况，申办操作指南以企业查询时官网最新公布的为准。企业应按照签证机构要求，提交申请签发原产地证书所需资料，证明出口货物符合原产地证书签证要求，必要时需接受签证机构的实地核查。

（三）其他注意事项

1. 如因不可抗力，或者非故意的错误、疏忽，或者其他合理原因导致原产地证书未能在货物出口前或出口时签发的，原产地证书可以在货物装运之日起1年内补发。补发的原产地证书应当在原产地证书的"备注"栏注明"补发"字样。

2. 原产地证书被盗、遗失或损毁时，如果出口时或制造商确信此前签发的原产地证书正本未被使用，则可向出口方授权机构书面申请签发经核准的原产地证书副本。经核准的原产地证书副本应当在"备注"栏注明"原产地证书正本（编号____日期____）经核准的真实副本"字样。如果进口方海关查明原产地证书正本已经使用，则经核准的原产地证书副本无效，反之亦然。

附件：

中国—冰岛自贸区

本声明的序列号_____

本人_____为

（打印姓名及职务）

经核准出口商（授权号码_____），特此声明随附发票

_____（填写发票号）中所述下列货物符合《中国—冰岛自贸协定》原产地规则，可享受该协定规定的优惠关税待遇。

商品描述	HS 编码（6 位）	毛重(公斤)或其他计量单位(公斤、立方米等)

签名及签单：_____

日　　　期：_____

注：本声明应打印后作为单独文件和商业发票一并提交，其所列货物不得超过20项。

（四）证书填制要求

中冰自贸协定项下原产地证书样本（见图3-8）。

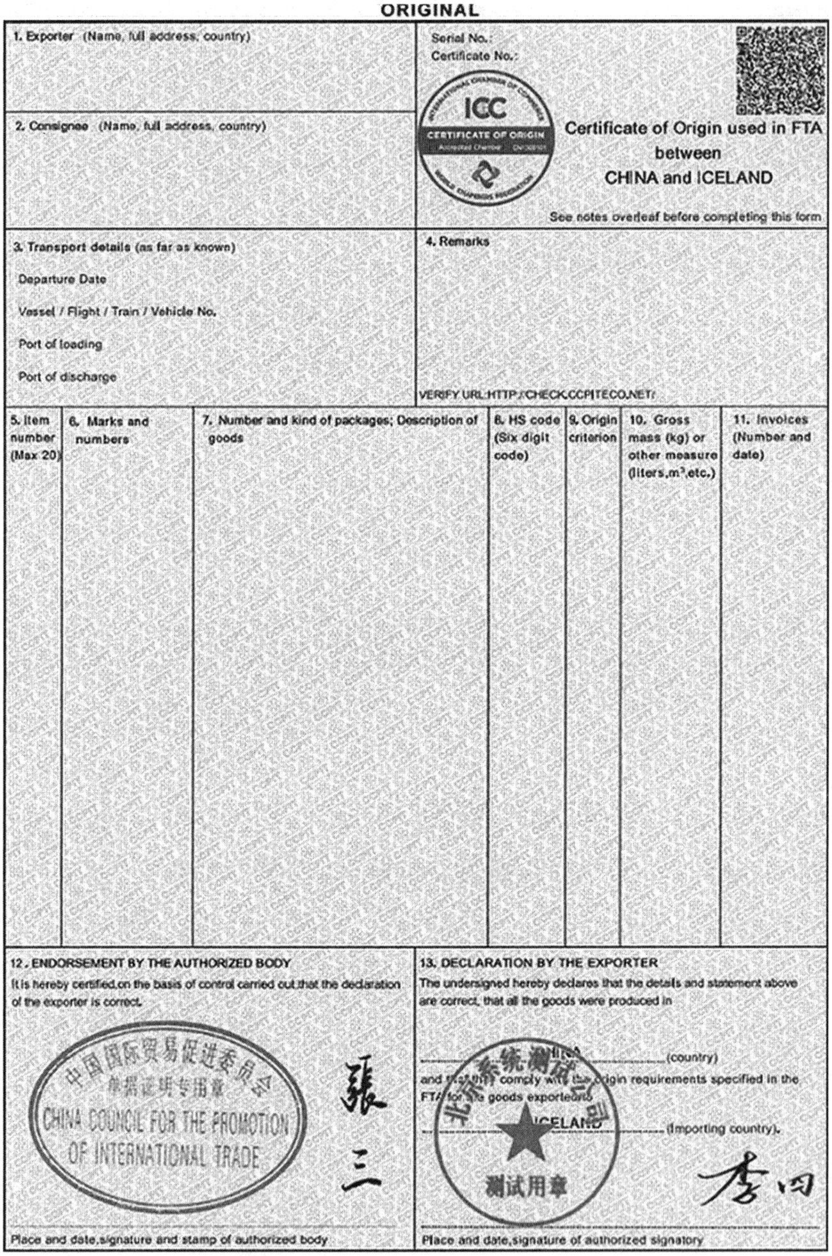

ORIGINAL

1. Exporter (Name, full address, country)

Serial No.:
Certificate No.:

ICC CERTIFICATE OF ORIGIN

Certificate of Origin used in FTA between CHINA and ICELAND

See notes overleaf before completing this form

2. Consignee (Name, full address, country)

3. Transport details (as far as known)

Departure Date

Vessel / Flight / Train / Vehicle No.

Port of loading

Port of discharge

4. Remarks

VERIFY URL:HTTP://CHECK.CCPITECO.NET/

5. Item number (Max 20)	6. Marks and numbers	7. Number and kind of packages; Description of goods	8. HS code (Six digit code)	9. Origin criterion	10. Gross mass (kg) or other measure (liters,m³,etc.)	11. Invoices (Number and date)

12. ENDORSEMENT BY THE AUTHORIZED BODY

It is hereby certified,on the basis of control carried out,that the declaration of the exporter is correct.

中国国际贸易促进委员会 单据证明专用章 CHINA COUNCIL FOR THE PROMOTION OF INTERNATIONAL TRADE

張三

Place and date,signature and stamp of authorized body

13. DECLARATION BY THE EXPORTER

The undersigned hereby declares that the details and statement above are correct, that all the goods were produced in

CHINA (country)

and that they comply with the origin requirements specified in the FTA for the goods exported to

ICELAND (importing country).

测试用章

李四

Place and date,signature of authorized signatory

图3-8　原产地证书样本

申领人应提前准备好商业发票、提单和报关单等单据。按照填制要求制单，便于申领原产地证书时签证机构核对信息。

1. 出口商名称、详细地址和国家（见表3-19）

表3-19 出口商名称、地址和国家栏填制范例

证书内容	Exporter（Name, full address, country）
填制说明	填写中国出口商详细的依法登记的名称、地址（包括国家）
范例	1.Exporter（Name, full address, country） CHINA ABC IMP. & EXP.CO., LTD BUILDING A, RORD ONE, SHENZHEN, GUANGDONG, CHINA

填制注意点：

（1）本栏填写的出口商名称应与商业发票等单据，对外贸易经营备案登记表内企业英文名称及第13栏出口商中英文印章上的名称一致；

（2）本栏不可填写两个或两个以上公司名称；

（3）本栏不可使用O/B、VIA后接第三方公司信息等方式表述转口贸易的中间商；

（4）转口贸易模式下如需体现中间商名称，可将开具发票的中间商名称、地址和国家等信息填写在第4栏（备注栏）；

（5）实际贸易中，出口商代理申报出口如需显示生产商信息，可将生产商信息填写在第4栏备注栏中。

2. 进口商名称、详细地址和国家（见表3-20）

表3-20 进口商名称、地址和国家栏填制范例

证书内容	Consignee（Name, full address, country）
填制说明	填写冰岛收货人详细的依法登记的名称、地址（包括国家）
范例	2.Consignee（Name, full address, country） REYKJAVIK ABC CO., LTD PO BOX 567, REYKJAVIK, ICELAND

填制注意点：

（1）收货人名称应与申请人提供的商业发票和运输单据中的名称一致；

（2）进口方为冰岛企业；

（3）此栏不可填写非进口商信息；

（4）此栏不可填写 To Order 等语句。

3. 运输工具及路线（就所知而言）（见表3-21）

表3-21　运输工具及路线栏填制范例

证书内容	Transport details （as far as known）
填制说明	详细说明离港日期、运输工具编号以及装货和卸货口岸
范例	3. Transport details （as far as known） Departure Date MAR.09,2021 Vessel/ Flight / Train / Vehicle No. Fx1206 Port of loading SHANGHAI, CHINA Port of Discharge REYKJAVIK, ICELAND

填制说明：

（1）出运后申报的原产地证书，此栏必须填写具体运输工具名称和号码；出运前申报具体运输工具名称及号码未知的原产地证书，此栏可填写"***"或"BY SEA"或"BY AIR"或其他运输方式。

（2）如卸货港口未知，可仅填写冰岛；经其他国家港口中转的，可注明转运地，如：ICELAND VIA ROTTERDAM。

（3）本栏应与申请人提供的运输单据有关信息保持一致。

4. 备注（见表3-22）

表3-22　备注栏填制范例

证书内容	Remarks
填制内容	出口商可以填写货物生产商依法登记的名称、顾客订货单号码、信用证号码等其他信息。如果发票是由非缔约方经营者开具的，则应在此栏详细注明非缔约方经营者的名称、地址和国别
范例	4. Remarks VERIFY URL:HTTP://CHECK.CCPITECO.NET/

5. 项目号（见表3-23）

表3-23　项目号栏填制范例

证书内容	Item number（MAX 20）
填制说明	填写项目号，但不得超过20项
范例	5. Item number (Max 20) 1 2

6. 唛头及包装号（见表3-24）

表3-24　唛头及包装号栏填制范例

证书内容	Marks and numbers
填制说明	应填写唛头及包装号。如果没有唛头和包装号，应填写"没有唛头及包装号"
范例	6. Marks and numbers N/M 6.Marks and numbers PO.ORDER NO. 1234567 ARTICLE NO.1203 C/NO.: 1 – 01 MADE IN CHINA 6.Marks and numbers SEE ATTACHMENT

填制注意点：

（1）唛头不得出现中国境外的国家或地区制造的字样。例如：不能出现 MADE IN SINGAPORE 等；

（2）不可因为唛头内容过长而使用"AS PER INVOICE""AS PACKING LIST"或"AS B/L"等表达；

（3）当唛头中显示商标时（通常为唛头是图形或者符号），申请人应注意可能涉及的知识产权保护问题。

①当商标为申请人的自有品牌商标时，申请人应能提供其合法有效的商标注册证。

②当商标为申请人受托加工的定牌产品商标时，申请人和委托方应签订关于商标使用许可的合同条款，委托方应享有该商标的所有权和使用权。

7. 包装数量及种类、商品描述（见表3-25）

表3-25　包装数量及种类、商品描述栏填制范例

证书内容	Number and kind of packages, Description of goods
填制说明	详细列明包装数量及种类。详列每种货物的货品名称，以便海关查验时加以识别。货品名称应与发票上的描述及货物的协调制度编码相符。如果是散装货物，应注明"散装"
范例	7.Number and kind of package, Description of goods MENS 100% LAMBSWOOL KNITTED PULLOVER LADIES 100% LAMBSWOOL KNITTED PULLOVER TOTAL: FIFTY TWO（52）CTNS ONLY

8. HS 编码（6位）（见表3-26）

表3-26　HS 编码栏填制范例

证书内容	HS code（six-digit code）
填制说明	对应第7栏中的每种货物填写协调制度税则归类编码，以6位数编码为准
范例	8. HS code (Six digit code) 940540

填制注意点：

（1）填写出口商品6位数 HS 编码；

（2）中国贸促会产地证采用商品备案制，出口商品需要先做商品信息备案，产品备案经审核通过后，该产品及其所属 HS 编码可以在选项中选择。

9. 原产地标准（见表3-27）

表3-27 原产地标准栏填制范例

证书内容	Origin Criterion		
范例	经过加工制造的国产产品：		
	7.Number and kind of packages; Description of goods	8.HS Code(six digit code)	9. Origin criterion
	LITHIUM BATTERY TOTAL ONE(1)PALLET ONLY	850760	PSR

填制说明：

若第7栏中货物符合原产地规则，出口商必须按照表3-28所示方式申明货物享受优惠待遇所依据的原产地标准。原产地标准在第3章（原产地规则）和附件4（产品特定原产地规则）中予以规定：

表3-28 原产地标准及其对应的编号

原产地标准	填入第9栏
该货物是根据第二十三条（完全获得货物）或者附件4的产品特定规则的规定，在缔约一方完全获得	WO
该货物是在缔约一方或双方境内，完全由符合第3章（原产地规则）规定的原产材料生产的	WP
该货物是在缔约一方或双方境内，使用符合第3章（原产地规则）所规定的产品特定原产地规则及其他要求的非原产材料生产的	PSR

10. 毛重（千克）或其他计量单位（升、立方米等）（见表3-29）

表3-29 毛重或其他计量单位栏填制范例

证书内容	Gross weight, quantity（Quantity Unit）or other measures（liters, m^3, etc.）
填制说明	1. 此栏应填写产品的正常计量单位，如"PCS""PAIRS""SETS"等； 2. 产品以重量计算填毛重或净重，需加注"G.W."（GROSS WEIGHT）或"N.W."（NET WEIGHT）
范例	10.Gross mass（kg）or other measure（liters, m^3, etc.） 56PCS WEIGHT 181KGS

11. 发票号和日期（见表3-30）

表3-30　发票号和日期栏填制范例

证书内容	Invoices（Number and date）
填制说明	此栏填写发票号和发票日期。此栏所填发票号码、日期应与清关发票一致。发票日期不能迟于第3栏出运日期和第12栏、第13栏证书申请、签证日期
范例	11.Invoices （Number and date） BLH200110 JAN.10.2020

12. 授权机构审核（见表3-31）

表3-31　授权机构审核栏填制范例

证书内容	ENDORSEMENT BY THE AUTHORISED BODY
填制说明	本栏需显示授权机构授权人员的签名、印章和日期。授权机构的电话、传真和地址也应当予以注明
范例	

13. 出口商申明（见表3-32）

表3-32　出口商申明栏填制范例

证书内容	DECLARATION BY THE EXPORTER
填制说明	填写产品原产国、进口国、申报地点和日期，并由出口商授权专人在此栏签字
范例	

三、如何高效使用原产地证书

（一）依法合规申办原产地证书

出口商或生产商应当在货物装运前向中国海关、中国贸促会及其地方签证机构申请签发中冰自贸协定项下原产地证书，并按上述机构的要求提交相关佐证资料，用以证明出口货物符合中冰自由贸易协定原产资格。必要时还需接受原产地证书签发机构开展的实地核查。

使用优惠原产地证申报系统填制原产地证书内容时，须严格按照相关填制要求和实际出口数据用英文填写，确保相关信息真实、完整、准确。

（二）合理安排货物运输路线

商品要享受中冰自贸协定的优惠关税待遇，除了要满足原产资格，还要确保商品在运输途中并未在中国和冰岛以外的其他国家或者地区（以下简称"其他国家或者地区"）进行再加工而丧失其原产资格，即应符合"直接运输规则"。"直接运输规则"是指中冰自贸区的原产货物在该自贸区缔约方之间直接运输，途中并未经过其他国家或者地区。若经过其他国家或者地区，只要同时满足以下条件，也可视为"直接运输"：一是转运因地理原因或运输需要；二是转运货物在转运国（地区）不可进入贸易或消费领域；三是转运货物在转运国（地区）未经过除装卸或任何保持产品良好状态的处理以外的操作。在满足上述3项要求的前提外，转运货物还须在中转方海关的监管之下。货物经过其他国家或者地区运输至冰岛境内的，应当提交从我国至冰岛的全程运输单证，其他国家或者地区海关所出具的证明文件或者海关认可的其他证明文件。

截至目前，虽然在实际操作中因"直接运输规则"而引起进口方海关核查的情况较少，但仍建议出口企业注意：出口冰岛产品在转运过程中不得进入贸易或消费领域，不得进行加工，不得脱离转运国海关的监管，同时应当注意留存相关证明材料至少3年。

（三）主动申明并提交优惠原产地证书

货物在入境报关时，收货人或者其代理人应当按照进口方国内法律、法规和行政规章办理货物的进口申报手续，其中就包括要主动向进口方海关申明适用中冰自贸协定税率和提交有效的原产地证书（若货物的价格不超过600美元，则可免予提交原产地证书）。

（四）海关手续与贸易便利化措施安排

中冰自贸协定在货物贸易方面对"海关程序与贸易便利化"做出规定，其中包括透明度、合作、预裁定、简化海关手续、海关估价、税则归类、风险管理、信息技术的应用、经认证的经营者（AEO）、货物的暂时进口等。其目的是确保双方海关法实施的可预见性、一致性和透明性，尽可能简化和协调双方海关程序，促进双方海关当局合作，推动海关程序高效、经济实施以及货物快速通关，创造良好的区域贸易环境。

1. 预裁定

预裁定是指在货物实际进出口之前，海关根据申请人（进口货物收货人或出口货物发货人）的申请，对相关的海关事务做出的书面裁定。海关预裁定包括：

（1）归类预裁定（进出口货物的商品归类）；

（2）原产地预裁定（进出口货物的原产地或原产资格）；

（3）价格预裁定（进口货物完税价格相关要素、估价方法）；

（4）海关总署规定的其他海关事务。

其中，归类预裁定、原产地预裁定和价格预裁定被称为"三预"工作，是海关解决部分税收要素（商品归类、原产地以及价格）确定难题和提高通关便利化水平的利器。

中冰自贸协定中，预裁定的内容主要包括商品税则归类和商品原产地规则适用的预裁定以及协定缔约双方同意的其他事务。企业（尤其是从事进口业务的企业）可在货物拟进出口3个月前向企业注册地直属海关提出预裁定申请，通过办理海关预裁定，将专业性较强的商品归类和原产地申报要素进行前置确认，以便在货物实际进出口之前消除申报疑虑，准确预知申报规则，实现合规申报。

对进出口企业而言，预裁定是理解海关规则、降低通关风险、提升通关效率的重要途径；对海关而言，预裁定是提升监管效率、统一执法标准、消除关企之间可能发生争议的重要手段。而且，通过规定申请人的"（海关）企业分类等级"，有利于营造良好的经营环境，促使企业守法自律，保障进出口贸易的安全与便利。

2. 经认证的经营者

经认证的经营者（Authorized Economic Operator，简称 AEO）。按照国际通行规则，海关对信用状况、守法程度和安全管理良好的企业进行认证认可，对通过认证的企业给予优惠通关便利。两国海关实现 AEO 互认后，本国企业出口货物到 AEO 互认的国家时，可同时享受到本国海关和对方海关提供的进出口通关便利，从而显著降低高信用企业的通关及物流成本，提高企业在国际市场的竞争力，并显著提升国际供应链安全便利化水平。

截至 2021 年 5 月，中国已与中国香港、新加坡、韩国、欧盟、瑞士、以色列、新西兰、澳大利亚、日本、哈萨克斯坦、蒙古、白俄罗斯、乌拉圭、阿联酋、巴西、塞尔维亚、智利、伊朗、乌干达等 20 个经济体的 46 个国家或地区实现了 AEO 互认。虽然中国与冰岛尚未实现 AEO 互认，但双方在实施会对国际贸易流动产生影响的经认证的经营者制度或安全措施时，应当保留就认证和安全措施互认进行商谈的可能性。

AEO 制度对企业的便利主要体现在以下两个方面：

（1）国内通关受益

缩短通关时间，降低通关成本；

降低海关查验率；

享受较低的担保金额或免除担保；

海关为企业设立协调员；

国家有关部门实施的守信联合激励措施；

提高贸易竞争力。

（2）互认国家通关受益

减少单证审核；

适用较低的查验率；

对需要检查的货物给予优先查验；

指定海关联络员负责即时沟通；

实施快速通关，包括在国际贸易中断并恢复后优先通关。

"高级认证企业"可以享受中国及 AEO 互认国家（或地区）海关的通关便利措施，以及国家有关部门实施的守信联合激励措施。随着 AEO 制度在全球范围内持续推进，AEO 高级认证企业必将成为商业活动中被优先选择的合作伙伴。

3. 货物的暂时进口

暂时进口是按照本国立法和国际公约的规定，准许暂时免纳关税及其他税费进口，并保证在限期内复运出口的特定货物。其特点如下：一是货物进口须向海关申报，经海关批准，暂予免纳进口关税及其他税费；二是货物所有权不发生转移；三是期满后要按原状复出口。

四、优惠原产地证书"微小差错"处理及核查应对

进口商在使用优惠原产地证书进行报关时或者报关后，可能遇到一些问题，处理不当可能影响货物正常通关享惠。

（一）原产地核查

进口方海关发起退证查询是较为常见的影响原产货物顺利清关、享受关税优惠的情况。进口方海关可以在对有关文件（如中冰自贸协定项下原产地证书）的真实性或者涉及全部或部分产品真实原产地相关信息的准确性存疑时发起核查程序，也可以按照一定比例发起随机核查。

1. 常规流程概述

进口方海关会以书面形式（核查函）提出核查请求，并随附相关的优惠原产地证书复印件。如果不是随机核查，还会说明核查的原因和原产地证书中

可能有误的信息。

在等待核查结果期间，只要相关产品不属于禁止或限制进口产品，又不涉嫌瞒骗，冰岛收货人（进口商）或者其代理人可以依照进口方国内法律、法规及行政规章办理相应管理措施后（通常是按产品所适用的较高税率缴纳关税或等额保证金），先行提货，只要最终的核查结果没问题，待核查程序完成后即可退还多征的税款或保证金。

此类核查都有时间限制，中冰自贸协定规定，出口方海关或签发机构在收到请求后的6个月内予以回复，除非协定缔约双方有合理理由，可另行商定新的反馈期限。在此期间，证书签发机构和出口企业甚至货物生产商需要密切配合，根据核查函上进口方海关的质疑点收集相关佐证材料，签发机构对相关材料进行审核确认后，将核查结果如实回复进口方海关。倘若未能在核查时限内回复进口方海关，或者答复结果中未清晰说明原产地证书是否有效，产品是否具备原产资格，相关货物将无法享受中冰自贸协定优惠关税待遇（即进口商无法收回多缴纳的税款或保证金，遭受直接经济损失），因此出口企业需要高度重视并积极配合签发机构的原产地核查工作。

2. 特殊情况（核查访问）

如果进口方海关对追溯核查的结果不满意，还可以请求到出口方进行核查访问。

3. 对企业商业文件的保密

中冰自贸协定明确规定，在核查过程中必须对需保密事项或经秘密提供的信息和文件予以保密。除非信息提供方出具明确的书面许可，否则相关信息和文件均不得用于其他目的，包括在行政或者司法程序中作为证据。

（二）其他问题

截至目前，虽然冰岛海关对于优惠原产地证书方面的核查申请较少，但为进一步提升签证质量，减少申报差错，降低退证查询率，将结合日常工作介绍退证查询的处理程序。

1. 签发机构建档并进行初步核验

证书签发机构收到冰岛海关的核查函后，会进行建档、登记，并调阅备查证书档案、核实该证书是否伪造、证书内容是否被篡改等。

2. 联系企业进行书面调查

向相关企业出具《核查通知函》，企业需及时按照《核查通知函》上的要求整理并提交相关佐证材料。所需材料将根据冰岛海关核查的内容有所增减，如：

（1）（货物）生产商的营业执照；

（2）物料清单（BOM 表）；

（3）所涉商品的所有原材料的来源证明。如，进口原材料可提供相关的进口报关单；国内（中国境内）采购的原材料，可提供进料发票证明或商品最终制造商所作的自我声明；

（4）产品成本明细单（包含完整、详细的加工工序）；

（5）出口商申请优惠原产地证书时提交给签发机构的商业发票；

（6）其他签发机构认为需要提供的材料。

3. 实地调查

当书面调查结果无法满足冰岛海关的核查要求时，签发机构将根据冰岛海关核查函提出的问题进行实地调查。调查的内容主要包括原材料来源、生产工序、是否符合原产地规则等冰岛海关关注的问题。

4. 复函

签发机构需要在收到冰岛海关核查请求后的 6 个月内或者缔约双方商定的期限内将核查结果及认定予以回复。

五、建立企业原产地合规管理体系

随着国际分工愈加细化，尤其是工业制成品领域，货物生产和加工制造工序也日益复杂化，加之中国签署的自贸协定数量不断增加，不同协定原产地规则要求不尽相同，对货物原产地的判定更加困难，不少企业在申办和使用优惠原产地证书时出现问题，影响到正常享惠。为降低原产地核查风险，确保企业享受到优惠关税待遇，助力企业开拓国际市场，建议企业建立相配套的原产地合规管理体系。

（一）企业管理层要高度重视

企业管理层、各部门间形成共识，充分认识原产地合规的重要性，有条件的企业可建立独立的原产地合规管理部门，中小企业可设立原产地合规管理小组，由专人进行货物原产地管理，负责从原材料的采购、优惠原产地证书的申办和使用，到与货物原产地相关材料的全流程档案管理工作。

（二）商品注册备案与原产地规则合规

加强中冰自贸协定原产地规则的学习和研究，设计最优的产品供应链计划。为解决原产地规则对专业性要求较高的问题，企业可以在大规模生产产品之前，向原产地证书签发机构（中国海关和中国贸促会及其地方机构）详细咨询，完成商品备案手续（或原产地预裁定），以尽早确定原产地合规，或在专业指导下对原材料的供应来源（原产地）进行调整。

（三）建立合规自检制度与人员考核机制

建立针对优惠原产地证书、商业发票等商业单证制作，以及直接运输规则应用的合规自检制度。定期开展对外贸单证的合规性审查，并将审查结果纳入绩效考核体系。加强对企业授权人员的业务培训与合规教育。通过举行专业培训、内部交流学习和定期考核等形式，不断提高人员业务水平及综合素质。

（四）建立原产地相关文档管理制度

按照中冰自贸协定的要求，对每票货物的申请材料（包括所有商业单证、原材料来源证明等）都要进行妥善保管并确保成套文件的完整性，同时要建立产地证资料档案并至少留存3年，以应对退证查询（原产地核查）带来的风险。

六、企业享惠策略

作为最早承认中国市场经济地位的北欧国家，冰岛一直致力于推动同中国开展经贸合作。双边贸易中，中国主要向冰岛出口纺织、轻工、建材、机电家电类、鞋类和船舶等产品，主要从冰岛进口渔业产品。中冰自贸协定的实施，同时给两国企业带来了机会，让双方企业能够通过新的贸易规则和政策进行互动，创造经济效益。

（一）利用中冰自贸协定项下原产地证书，享受关税优惠

中国某家主营床垫、被套（HS：94042100）的企业，产品出口到冰岛。该产品的普通税率为10%。中冰自贸协定生效之后，该产品的协定税率降为零。即在出口冰岛且符合中冰自贸协定原产地规则的情况下，货物在进口国海关清关时，通过向冰岛海关提交优惠原产地证书等相关文件，将可享受零关税待遇。该公司通过中国贸促会顺利申办了中冰自贸协定项下原产地证书，供冰岛客户清关。据客户反馈，该批货物在清关时获得了近3000美元的关税减免，帮助该企业进一步强化了与客户的良好关系，争取到更多订单。

（二）主动利用多项自贸协定，全面提升出口产品竞争力

中国某公司是一家集研发、生成和销售于一体的中资企业，主要出口的产品有哑铃、铃片、杆子、健身器材、普拉提产品等，出口国家和地区包括南美（巴西、智利、阿根廷）、澳大利亚、亚洲（日本、菲律宾、韩国）、欧洲（俄罗斯、冰岛、德国、意大利）、中东地区等。该企业在不断拓展市场的同时，深入研究中国现已签订的自贸协定，主动为客户办理各类自贸协定原产地证书，例如，中国—澳大利亚、中国—智利、中国—冰岛等自贸协定项下原产地证书。该企业表示，优惠原产地证书不仅让客户切实享受到进口关税减免的待遇，同时使产品在国外更有竞争力，便于掌握出口业务谈判主动权。

第四章

《中国—冰岛自由贸易协定》的
服务贸易

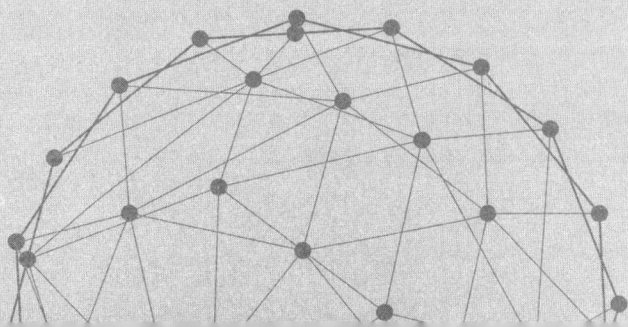

中冰自贸协定是中国与欧洲国家签署的第一个自由贸易协定。近年来，中国与冰岛的双边服务贸易已达到一定规模。中国是冰岛主要服务贸易伙伴国之一，2019年双边服务贸易总额达到2.14亿美元，同比增长1.42%。同时，中国还是冰岛在亚洲最大的服务贸易出口市场，2019年冰岛对中国的出口额为1.43亿美元。中国对冰岛的主要服务出口部门为运输服务，电信、计算机和信息服务，旅行服务。中国自冰岛进口的主要服务部门为旅行服务和运输服务。2009—2019年，中冰双边服务贸易规模不断扩大，年均增长率达到13%。受益于中冰自贸协定，两国企业将在开放、公平、透明的市场环境中获得更多发展机遇，促进服务贸易进一步快速增长。[1]

服务贸易自由化是中冰自贸协定的重要内容，决定了中国企业与冰岛开展服务贸易所能享受的优惠政策。本章将详细解读中冰自贸协定第七章服务贸易规则以及附件7-1、附件7-2中两国的具体承诺。通过阅读本章，企业可以了解和掌握以下问题：

1. 服务贸易部门、服务贸易模式是怎样划分的？

2. 有哪些重要的服务贸易规则？

3. 企业如何读懂服务贸易承诺减让表。

4. 中国和冰岛两国各个服务部门的开放措施是什么？有哪些限制和条件？

5. 中国服务出口和进口企业应如何利用协定，寻找商机，防范风险？

---

[1] 数据来源：根据世界贸易组织服务贸易数据库中国报告的总服务数据（包括估值）（Services export: reported values including estimates；Services import: reported values including estimates）计算整理。截至2021年9月，世界贸易组织尚未提供2020年统计数据。

第一节 服务贸易部门和服务贸易模式说明

中冰自贸协定的第七章对服务贸易的定义、相关义务以及其他规定做出了说明。为便于企业更充分地了解协定关于服务贸易的开放措施，首先对服务贸易定义、服务部门划分及服务贸易模式进行说明。

一、服务贸易相关定义

中冰自贸协定第六十九条共规定了与服务贸易相关的19项定义。企业需要了解的主要定义如下：

（一）服务的提供

服务的提供包括服务的生产、分销、营销、销售和交付。

（二）服务贸易

定义为：

1. 自一方境内向另一方境内提供服务（"跨境交付模式"）；

2. 在一方境内向另一方消费者提供服务（"境外消费模式"）；

3. 一方服务提供者通过在另一方境内以商业存在方式提供服务（"商业存在模式"）；

4. 一方服务提供者通过在另一方境内以自然人存在方式提供服务（"自然人移动模式"）。

（三）措施

是指一方的任何措施，无论是以法律、法规、规则、程序、决定、行政行为的形式或任何其他形式的措施，包括：

1. 中央、地区或地方政府和主管机关所采取的措施；以及

2. 由中央、地区或地方政府或主管机关授权行使权力的非政府机构所采取的措施。

（四）影响服务贸易的措施

是指包括以下内容的措施：

1. 服务的购买、支付或使用；

2. 与服务的提供有关的、缔约方要求向公众普遍提供的服务的获得和使用；

3. 一方个人为在对方境内提供服务的存在，包括商业存在。

（五）服务部门

1. 对于一具体承诺，指一成员减让表中列明的该项服务的一个、多个或所有分部门；

2. 在其他情况下，则指该服务部门的全部，包括其所有的分部门。

（六）服务的垄断提供者

指一成员领土内有关市场中被该成员在形式上或事实上授权或确定为该服务的独家提供者的任何公私性质的人。

（七）商业存在

指任何类型的商业或专业机构，包括为提供服务而在一成员领土内：

1. 组建、收购或维持一法人；

2. 创建或维持一分支机构或代表处。

二、服务贸易部门说明

中冰自贸协定所采取的服务贸易部门分类，是依据世界贸易组织《服务贸易总协定》（*General Agreement on Trade in Services*，GATS）的分类标准，包括12个部门大类（见表4-1）。每一大类部门又进一步细分为分部门、子部门及具体服务活动，共计160个。

表4–1 服务部门与分部门

1. 商业服务 A. 专业服务 B. 计算机及相关服务 C. 研究和开发服务 D. 房地产服务 E. 无操作人员的租赁服务 F. 其他商业服务	7. 金融服务 A. 所有保险及其相关服务 B. 银行及其他金融服务（不含保险） C. 其他服务
2. 通信服务 A. 邮政服务 B. 速递服务 C. 电信服务 D. 视听服务 E. 其他服务	8. 与健康相关的服务与社会服务 A. 医院服务 B. 其他人类健康服务 C. 社会服务 D. 其他
3. 建筑及相关工程服务 A. 建筑物的总体建筑工作 B. 民用工程的总体建筑工作 C. 安装和组装工作 D. 建筑物的装修工作 E. 其他	9. 旅游及与旅行相关的服务 A. 饭店和餐饮服务（包括外卖服务） B. 旅游社和旅游经营者服务 C. 导游服务 D. 其他服务
4. 分销服务 A. 佣金代理服务 B. 批发服务 C. 零售服务 D. 特许经营服务 E. 其他服务	10. 娱乐、文化和体育服务 A. 文娱服务 B. 新闻社服务 C. 图书馆、档案馆、博物馆和其他文化服务 D. 体育和其他娱乐服务 E. 其他服务
5. 教育服务 A. 初等教育服务 B. 中等教育服务 C. 高等教育服务 D. 成人教育服务 E. 其他教育服务	11. 运输服务 A. 海洋运输服务 B. 内水运输服务 C. 航空运输服务 D. 航天运输服务 E. 铁路运输服务 F. 公路运输服务 G. 管道运输服务 H. 所有运输方式的辅助服务 I. 其他运输服务
6. 环境服务 A. 排污服务 B. 废物处理服务 C. 卫生及类似服务 D. 其他服务	12. 别处未包括的服务

在中国和冰岛的服务贸易承诺减让表中，服务部门均是按照以上标准进行划分的。企业可以根据这一分类标准，确定其所属行业和部门，以便更有针对性地查找和利用自由贸易协定的开放政策。

更详细的服务部门分类见本章附录。

三、服务贸易模式说明

服务贸易模式，是指提供服务的方式。依据《服务贸易总协定》规则和中冰自贸协定，服务贸易模式有4种，分别如下：

1. 跨境交付模式（见表4-2）

表4-2　服务贸易模式1：跨境交付模式

定义	自一方境内向另一方境内提供服务
说明	贸易双方都不移动，服务的提供方和需求方处在各自国家，借助于现代技术手段实现服务产品的跨境流动和交易
示例	中国企业在中国领土内向冰岛境内服务需求方提供工程设计服务

2. 境外消费模式（见表4-3）

表4-3　服务贸易模式2：境外消费模式

定义	在一方境内向另一方消费者提供服务
说明	一国服务消费者移动到另一国服务提供者境内进行服务消费
示例	中国消费者到冰岛旅游、就医、留学等

3. 商业存在模式（见表4-4）

表4-4　服务贸易模式3：商业存在模式

定义	一方服务提供者通过在另一方境内以商业存在方式提供服务
说明	一国服务提供者到另一国服务需求者所在国家，通过在服务发生地设立分支机构提供服务
示例	冰岛商业银行到中国境内设立分行或支行提供服务

4. 自然人移动模式 / 自然人存在模式（见表4-5）

表4-5 服务贸易模式4：自然人移动模式

定义	一方服务提供者通过在另一方境内以自然人存在方式提供服务
说明	一国服务提供者（自然人）到另一国服务需求者所在国家提供服务
示例	中国企业派出专家到冰岛向冰岛企业提供咨询服务

"自然人移动模式"允许外国公民进入本国领土内提供服务，入境的自然人可以是外国服务提供者的雇员，也可以是以个人身份提供服务的服务提供者。

需要说明的是，虽然以模式3提供服务并不一定需要有外国人的参与（比如，中国服务提供者的商业存在完全可以由冰岛本地雇员组成），但是外国服务提供者会在必要的情况下，派出自己的专家和管理人员提供服务。在这种情况下，模式3就会与模式4相联系。

图4-1清晰明了地说明了企业的服务活动与服务提供模式。

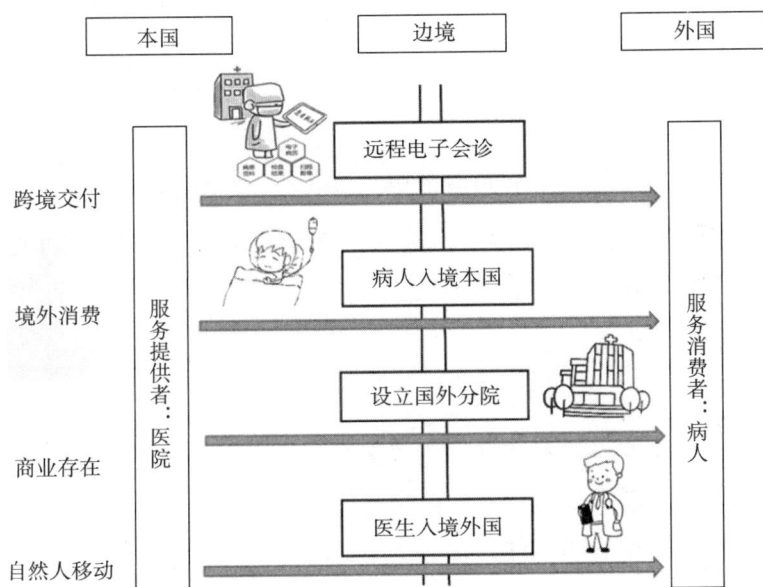

图4-1 某医院以4种服务模式向国外出口服务示意图

第二节　解读服务贸易规则与承诺表

中国和冰岛的服务贸易承诺，均采取了正面清单方式。承诺减让表列明了依据国民待遇、市场准入等义务所采取的开放措施。本节将解读主要规则和条款，并说明如何读懂正面清单承诺表。

一、中冰自贸协定服务贸易规则

（一）国民待遇

规则要点：平等对待本国与外国服务和服务提供者。

中国和冰岛如果针对某一服务部门做出了承诺，那么，他们给予对方服务和服务提供者的待遇，不得低于给予本国同类服务和服务提供者的待遇。

国民待遇原则确保外国服务提供者不会受到歧视性待遇，保障了公平竞争。

（二）市场准入

规则要点：允许外国服务和服务提供者进入本国市场。

在作出市场准入承诺的部门，除非已在承诺减让表中另有列明，否则，原则上禁止以下6种对市场准入的限制：

1.限制服务提供者的数量；

2.限制服务交易或资产总值；

3.限制服务业务总数或服务产出总量；

4.限制雇用自然人总数；

5.限制特定类型法律实体；

6.限制外国股权比例。

（三）国内规制

规则要点：以合理、客观和公正的方式管理影响服务贸易的国内法律法规。

中冰自贸协定第七章第七十三条，参照《服务贸易总协定》第六条，对国内规制作出了规定。概括条款内容要点如下：

1. 司法、仲裁、行政庭或程序：设立相应机构或程序，审查影响服务贸易的行政决定并提供适当救济。

2. 主管机关责任：对已作出承诺的服务，如果提供此种服务需要得到批准，则各方主管机关应协助申请人办理并及时提供相关信息。

3. 有关资格要求和程序、技术标准、许可要求：应依据客观、透明的标准，不致构成不必要的服务贸易壁垒。

4. 核验专业人员能力：在已作出承诺的专业服务部门，一方应规定适当程序，以核验另一方专业人员的能力。

（四）承认

规则要点：承认缔约方服务提供者的相关资格和条件，如教育或经历等。

根据这一规则，一方通过协定安排，承认在一非缔约方境内已获得的教育或经历、已满足的要求、已给予的许可或证书，无论此类协定或安排已经存在还是在未来订立，均应向另一方提供充分的机会，以谈判加入该协定或安排，或与谈判类似的协定或安排。

二、正面清单

采取正面清单模式作出承诺，是对明确列出的部门开放市场。对于未列入承诺表的部门，有保持或采取贸易限制措施的自由。企业通过正面清单的承诺，可以了解两国互相开放了哪些服务部门以及开放措施。

（一）承诺表结构

以正面清单方式承诺的减让表，针对所有部门及各个分部门的不同服务提供模式，列明市场准入条款、限制和条件，国民待遇的条件和资格以及其他承诺（见表4-6）。

表4-6　服务贸易具体承诺减让表结构示例

服务提供方式：(1)跨境交付　(2)境外消费　(3)商业存在　(4)自然人移动			
部门或分部门	市场准入限制	国民待遇限制	其他承诺
Ⅰ.水平承诺			
本减让表中包括的所有部门	(3)……	(3)……	
Ⅱ.具体承诺			
1.商业服务			
A.专业服务 a.法律服务 （CPC861,不含中国法律业务）	(1)…… (2)…… (3)…… (4)……	(1)…… (2)…… (3)…… (4)……	……

减让表第一列：承诺对象。是指纳入承诺减让表的服务部门、分部门和服务活动。其中，涵盖所有部门的承诺为水平承诺；针对具体部门的承诺为具体承诺。具体部门的CPC数字，是根据《联合国中心产品分类系统》（*United Nations Central Product Classification System*，简称CPC System），为各个具体部门标注的号码，以便更清晰地界定服务分部门及其活动。

减让表第二列：市场准入限制。对列入减让表的部门，列明有关市场准入的条款、限制和条件。

减让表第三列：国民待遇限制。对列入减让表的部门，列明国民待遇方面的条件、资格或限制。

减让表第四列：其他承诺。对列入减让表的部门，列明附加承诺，比如对资格要求、技术标准所作出的承诺等。通常列举积极的义务承担，不用来列举附加限制。

减让表中的数字(1)、(2)、(3)、(4)分别代表4种服务提供方式。各服务部门，按照4种不同服务提供方式，就市场准入、国民待遇以及其他方面作出承诺。

（二）如何读懂承诺表

选取中冰自贸协定附件7-1中，中国服务贸易具体承诺减让表部分内容，示例如何解读服务贸易具体承诺减让表。

表4-7 中国服务贸易具体承诺减让表

服务提供方式：（1）跨境交付 （2）境外消费 （3）商业存在 （4）自然人存在			
部门或分部门	市场准入限制	国民待遇限制	其他承诺
Ⅰ．水平承诺			
本减让表中包括的所有部门	（3）在中国，外商投资企业包括外资企业（也称为外商独资企业）和合资企业，合资企业有两种类型：……	（3）对于给予视听服务、空运服务和医疗服务部门中的国内服务提供者的所有现有补贴不作承诺……	
Ⅱ．具体承诺			
4.分销服务			
A. 佣金代理服务（不包括盐和烟草） B. 批发服务（不包括盐和烟草）	（1）不作承诺 （2）没有限制 （3）将允许设立外商独资企业，但在加入后5年内，不允许外国服务提供者从事化肥、成品油和原油的分销服务 （4）除水平承诺外，不作承诺	（1）不作承诺 （2）没有限制 （3）没有限制 （4）除水平承诺外，不作承诺	允许外商投资企业分销其在中国生产的产品，包括在市场准入或部门或分部门栏中所列的产品……

根据表4-7所示，中国对冰岛作出了如下承诺：

1. 水平承诺——适用所有部门

对所有服务部门的商业存在模式，在市场准入方面，中国列明了外资企业类型等内容。具体为："在中国，外商投资企业包括外资企业（也称为外商独资企业）和合资企业，……"在国民待遇方面，"对于给予视听服务、空运服务和医疗服务部门中的国内服务提供者的所有现有补贴不作承诺……"。

2. 具体承诺——以分销服务为例

对分销服务中的佣金代理服务部门和批发服务部门（均不包括盐和烟

草），在市场准入方面，中国对跨境交付模式不作承诺；对于境外消费模式没有限制。对于商业存在模式，允许冰岛设立外商独资企业，但在加入世界贸易组织后的5年内，对分销服务的产品种类有限制。中国加入世界贸易组织5年后，取消限制。对于自然人存在模式，遵照水平承诺。

在国民待遇方面，中国对于跨境交付模式不作承诺；对冰岛以境外消费和商业存在模式提供服务没有限制，给予冰岛服务和服务提供者以国民待遇。对于自然人存在模式，遵照水平承诺。

中国在其他方面的承诺是：允许冰岛投资企业分销其在中国生产的产品，包括在市场准入或部门或分部门栏中所列的产品等。

通过正面清单承诺表，企业知道什么是被允许的。正面清单反映了中冰自贸协定缔约方政策现状，企业据此可以了解其服务部门开放水平，以便更好地在当地从事经营和服务活动。

第三节　中国对冰岛的服务贸易承诺解读

根据中冰自贸协定，中国以正面清单方式承诺服务贸易部门开放，将为冰岛服务部门和企业提供更多市场机会。同时也为中国企业和消费者利用冰岛优质服务，有效配置全球资源提供了便利。

一、中国对冰岛服务贸易开放：部门概览

中冰自贸协定附件7-1，为中国的服务贸易具体承诺减让表。

在减让表中，中国列入正面清单的部门服务部门共包括10大类，即商业服务，通信服务，建筑及相关工程服务，分销服务，教育服务，环境服务，金融服务，旅游及与旅行相关的服务，娱乐、文化和体育服务，运输服务（见表4-8）。在58个分部门中，有40个分部门列入承诺。

表4-8 中国对冰岛开放的部门

承诺服务部门	承诺分部门数目
1. 商业服务	4
2. 通信服务	3
3. 建筑及相关工程服务	5
4. 分销服务	5
5. 教育服务	5
6. 环境服务	7
7. 金融服务	2
8. 旅游及与旅行相关的服务	2
9. 娱乐、文化和体育服务	1
10. 运输服务	6

与《服务贸易总协定》中的承诺相比，中国对冰岛的服务开放部门增多，服务开放程度加深。新增部门与进一步开放部门涉及商业服务，娱乐、文化和体育服务，运输服务3大类。其中，新增承诺子部门及服务活动包括：市场调研服务、与管理咨询相关的服务、建筑物清洁服务、在费用或合同基础上的包装材料印刷服务、体育和其他娱乐服务、公路运输服务中的客运服务。进一步开放的服务部门和活动为：软件实施服务、涉及自有或租赁资产的房地产服务、以收费或合同为基础的房地产服务、笔译和口译服务、佣金代理服务、批发服务、零售服务等（见表4-9）。

表4-9 中国对冰岛进一步开放的部门

新增承诺子部门	承诺深化分部门和子部门
1. 市场调研服务（仅限于设计用来获取一组织产品在市场上前景和表现的信息的调查服务） 2. 与管理咨询相关的服务（仅限于除建筑外的项目管理服务） 3. 建筑物清洁服务 4. 在费用或合同基础上的包装材料印刷服务（仅限于包装装潢印刷） 5. 体育和其他娱乐服务（高尔夫服务除外） 6. 公路运输服务（客运服务）	1. 软件实施服务 2. 涉及自有或租赁资产的房地产服务 3. 以收费或合同为基础的房地产服务 4. 笔译和口译服务 5. 佣金代理服务（不包括盐和烟草） 6. 批发服务（不包括盐和烟草） 7. 零售服务（不包括盐和烟草）

新增部门和原有部门的进一步开放，主要集中在商业存在模式的市场准入服务。冰岛企业进入中国市场，提供相应服务，可以获得更多机会。

二、解读中国服务贸易承诺：超越《服务贸易总协定》的服务开放亮点

（一）新增部门的开放措施

在多边贸易体系下，中国已经向世界贸易组织成员开放了多数服务部门和领域。以《服务贸易总协定》承诺为基础，中国进一步向冰岛新增开放了6个服务子部门，涉及商业服务，娱乐、文化和体育服务以及运输服务3个部门大类。

1.市场调研服务：允许外资拥有多数股权

对于市场调研服务（仅限于设计用来获取一组织产品在市场上前景和表现的信息的调查服务），在市场准入方面，中国允许冰岛服务提供者采取合资企业形式，允许外资拥有多数股权，需进行经济需求测试。

2.除建筑外的项目管理咨询服务：允许外资拥有多数股权

市场准入方面，中国允许冰岛服务提供者采取合资企业形式，允许外资拥有多数股权，需进行经济需求测试。冰岛企业以跨境交付和境外消费模式提供此类服务，中国没有限制。

3.建筑物清洁服务：允许设立外商独资企业

中国允许冰岛设立外资独资公司，并且在国民待遇方面没有限制。以境外消费模式提供此类服务，在市场准入和国民待遇方面，中国对冰岛均没有限制。

4.在费用或合同基础上的包装装潢印刷服务：允许设立外商独资企业

中国允许冰岛设立外商独资企业，需进行经济需求测试。

5.体育和其他娱乐服务（不包括高尔夫服务）：允许设立外商独资企业

市场准入方面，中国允许冰岛设立外商独资企业，需进行经济需求测试。

6.公路运输服务（客运服务）：允许设立合资公司

市场准入方面，允许冰岛设立合资公司，外资股比不得超过49%。需进行经济需求测试。

（二）承诺深化部门的进一步开放措施

作为进一步开放的措施，中国在商业服务、分销服务的7个子部门，允许冰岛设立外商独资企业（见表4-10）。

表4-10 允许冰岛设立外商独资企业的部门

软件实施服务	佣金代理服务（不包括盐和烟草）
涉及自有或租赁资产的房地产服务	批发服务（不包括盐和烟草）
以收费或合同为基础的房地产服务	零售服务（不包括烟草）
笔译和口译服务	

其中，零售服务设立外商独资企业，要求零售连锁店达到一定分店数量，且销售来自多个供应商的不同种类和品牌商品。某些特定产品的零售，冰岛可以合资经营，但不允许多数股权。其余6个子部门，没有限制。

三、解读中国服务贸易承诺：与《服务贸易总协定》一致的全面开放措施

以《服务贸易总协定》承诺为基础，中国的开放措施覆盖了较为广泛的部门，有利于冰岛企业进入中国市场。

（一）适用于所有部门的承诺

中国适用于所有部门的水平承诺，主要集中在商业存在模式和自然人存在模式。

1.商业存在

市场准入方面，中国的承诺主要涉及外资占比、外国企业设立分支机构和代表处的规定，以及企业和个人使用土地的最长期限等。

其中，股权式合资企业中，外资比例不得少于该合资企业注册资本的25%。对冰岛企业在中国设立分支机构不作承诺。允许冰岛企业在中国设立代表处，但不得从事任何营利性活动。

企业和个人使用土地遵守最长期限限制：居住目的为70年；工业目的为50年；教科文卫和体育目的为50年；商业、旅游、娱乐目的为40年；综合利用或者其他目的为50年。

国民待遇方面，对于给予视听服务、空运服务和医疗服务部门中的国内服务提供者的所有现有补贴不作承诺。对于在中国加入世界贸易组织后给予任何新部门及分部门国内服务提供者的所有补贴不作承诺。

2. 自然人存在

各类自然人入境和临时居留措施如下：

（1）对在中国领土内设立代表处、分公司或子公司的冰岛公司的经理、高级管理人员和专家等高级雇员，作为公司内部的调任人员临时调动，允许其入境首期停留3年。

（2）对于被在中国领土内的外商投资企业雇用从事商业活动的冰岛公司的经理、高级管理人员和专家等高级雇员，应按有关合同条款规定给予其长期居留许可，或首期居留3年，以时间短者为准。

（3）服务销售人员，满足下列条件的入境期限为90天：此类销售不向公众直接进行，且该销售人员不从事该项服务的供应。

（二）具体部门的开放措施

1. 商业服务：开放程度较高

（1）以跨境交付和境外消费模式提供服务基本开放

对大多数商业服务大类下的分部门和子部门，中国允许冰岛企业以跨境交付和境外消费模式提供服务（见表4-11）。

表4-11 对跨境交付和境外消费没有限制

服务部门和活动	
1. 法律服务	13. 与农业、林业、狩猎和渔业有关的服务
2. 会计、审计和簿记服务	14. 地质、地球物理和其他科学勘探服务
3. 税收服务	15. 地下勘测服务
4. 医疗和牙医服务	16. 陆上石油服务
5. 与计算机硬件安装有关的咨询服务	17. 摄影服务
6. 软件实施服务	18. 包装服务
7. 数据处理中的输入准备服务	19. 办公机械和设备（包括计算机）维修服务
8. 数据处理和制表服务以及分时服务	20. 会议服务
9. 涉及自有或租赁资产的房地产服务	21. 笔译和口译服务
10. 以收费或合同为基础的房地产服务	22. 维修服务
11. 管理咨询服务	23. 租赁服务
12. 技术测试、分析服务和货物检验服务	

冰岛企业以跨境交付和境外消费模式向中国市场提供广告服务，有资质要求：仅限于通过在中国注册的、有权提供外国广告服务的广告代理。

建筑设计服务、工程服务、集中工程服务和城市规划服务4个部门，冰方以境外消费模式提供服务，没有限制。对于跨境交付模式，要求冰岛与中国专业机构进行合作，对方案设计没有限制。

（2）多数部门允许冰岛进入中国市场

对多数商业服务部门，中国允许冰岛设立外商独资企业或合资企业（见表4-12、表4-13）。

表4-12 允许冰岛设立外商独资企业

服务部门和活动	
1. 税收服务	8. 技术测试和分析服务及 CPC749 涵盖的货物检验服务（不包括货物检验服务中的法定检验服务）
2. 建筑设计服务	
3. 工程服务	
4. 集中工程服务	9. 包装服务
5. 城市规划服务（城市总体规划服务除外）	10. 办公机械和设备（包括计算机）维修服务
6. 广告服务	11. 租赁服务
7. 管理咨询服务	

此外，对于与计算机硬件安装有关的咨询服务、数据处理和制表服务以及分时服务，对冰岛企业进入中国市场没有限制。

表4-13 允许冰岛设立合资企业

服务部门	开放措施
法律服务	冰岛律师事务所只能以代表处的形式提供法律服务。对代表处的业务范围、冰岛执业律师资质及在中国境外执业时间、在华居留时间等有要求
会计、审计和簿记服务	合伙或有限责任会计师事务所只限于中国主管机关批准的注册会计师。国民待遇方面没有限制
医疗和牙医服务	允许冰岛与中国合资伙伴一起设立合资医院或诊所,没有数量限制。允许外资拥有多数股权。合资医院和诊所的大多数医师和医务人员应具有中国国籍
与农业、林业、狩猎和渔业有关的服务	允许冰岛设立合资企业,允许外资拥有多数股权。国民待遇方面,没有限制

对于近海石油服务(地质、地球物理和其他科学勘探服务)、地下勘测服务,允许冰岛以合作形式进入中国市场。

对于陆上石油服务,允许冰岛以合作形式进入中国市场,但是有指定合作公司和开采区域等要求。

2.通信服务:电信部门较为开放

通信服务中,中国开放了速递服务、电信服务和视听服务3个分部门,主要以电信服务为主(见表4-14)。

表4-14 通信服务开放措施

服务分部门	开放措施
速递服务	1.冰方以跨境交付、境外消费模式提供服务:没有限制 2.进入中国市场:允许冰岛设立外资独资子公司,国民待遇方面没有限制
电信服务 – 增值电信服务 (包括7种服务活动)	1.冰方以境外消费模式提供服务:没有限制 2.进入中国市场:允许冰岛服务提供者设立合资增值电信企业,外资比例不得超过50%。国民待遇方面没有限制
电信服务 – 基础电信服务(寻呼服务)	1.冰方以境外消费模式提供服务:没有限制 2.进入中国市场:允许冰岛服务提供者设立中外合资企业,外资比例不得超过50%。国民待遇方面没有限制
电信服务 – 移动话音和数据服务 (包括模拟/数据/蜂窝服务和个人通信服务)	1.冰方以境外消费模式提供服务:没有限制 2.进入中国市场:允许冰岛服务提供者设立合资企业,外资比例不得超过49%。国民待遇方面没有限制

服务分部门	开放措施
电信服务 – 国内业务 – 国际业务	1. 冰方以境外消费模式提供服务：没有限制 2. 进入中国市场：允许冰岛服务提供者设立合资企业，外资比例不得超过49%。国民待遇方面没有限制
视听服务 – 录像的分销服务 – 录音制品分销服务	1. 冰方以跨境交付、境外消费模式提供服务：没有限制 2. 进入中国市场：在不损害中国审查音像制品内容的权利的情况下，允许冰岛服务提供者与中国合资伙伴设立合作企业。国民待遇方面没有限制
视听服务 – 电影院服务	1. 冰方以跨境交付、境外消费模式提供服务：没有限制 2. 进入中国市场：允许冰岛服务提供者建设和/或改造电影院，外资不得超过49%。国民待遇方面没有限制

3. 建筑及相关工程服务：对外商独资企业承揽项目有要求

允许冰方设立外商独资企业。外商独资企业只能承揽以下4类建筑项目：全部由外国投资和/或赠款资助的建设项目；由国际金融机构资助并通过根据贷款条款进行的国际招标授予的建设项目；外资等于或超过50%的中外联合建设项目及外资少于50%但因技术困难而不能由中国建筑企业独立实施的中外联合建设项目；由中国投资，但中国建筑企业难以独立实施的建设项目，经省政府批准，可由中外建筑企业联合承揽。

4. 分销服务：开放程度较高

对于分销服务，中国做出了较多超越《服务贸易总协定》的承诺。此外，与《服务贸易总协定》承诺一致的开放措施主要集中在以下几个方面（见表4-15）。

表4-15 分销服务开放措施

服务分部门	开放措施
佣金代理服务 批发服务 （均不包括盐和烟草）	1. 冰方以境外消费模式提供服务：没有限制 2. 允许冰岛投资企业分销其在中国生产的产品，包括在市场准入或部门或分部门栏中所列的产品，并提供按协定定义的附属服务 3. 允许冰岛服务提供者对其分销的产品，提供按协定定义的全部相关附属服务，包括售后服务
零售服务 （不包括烟草）	1. 冰方以境外消费模式提供服务：没有限制 2. 允许冰岛投资企业分销其在中国生产的产品，包括在市场准入或部门或分部门栏中所列的产品，并提供按协定定义的附属服务 3. 允许冰岛服务提供者对其分销的产品，提供按协定定义的全部相关附属服务，包括售后服务

服务分部门	开放措施
特许经营	1. 冰方以跨境交付和境外消费模式提供服务：没有限制 2. 商业存在：没有限制
无固定地点的批发或零售服务	1. 冰方以跨境交付和境外消费模式提供服务：没有限制 2. 商业存在：没有限制

5. 教育服务：允许中冰合作办学

教育服务开放了初等教育服务、中等教育服务、高等教育服务、成人教育服务、其他教育服务5个分部门，但不包括国家义务教育，以及特殊教育，如军事、警察、政治和党校教育。

冰方以境外消费模式提供服务，没有限制。中国允许中外合作办学，外方可获得多数拥有权。

当受到中国学校及其他教育机构的邀请或雇用时，冰岛个人教育服务提供者可以来华提供教育服务。要求冰岛教育服务提供者具备如下资格：具有学士或以上学位；具有相应的专业职称或证书，及2年专业工作经验。

6. 环境服务：市场开放程度较高

中国对于环境服务的开放程度较高，与《服务贸易总协定》承诺一致的开放措施主要集中在以下几个方面（见表4-16）。

表4-16 环境服务开放措施

服务部门	开放措施
排污服务 固体废物处理服务 废气清理服务 降低噪声服务 自然和风景保护服务 其他环境保护服务 卫生服务	1. 市场准入方面，冰岛企业以境外消费模式提供服务，没有限制；以跨境交付模式提供环境咨询服务，没有限制 2. 国民待遇方面，冰岛企业以跨境交付、境外消费、商业存在模式提供服务，均没有限制 3. 允许从事环境服务的冰岛服务提供者以合资企业形式提供服务，允许外资拥有多数股权

7. 金融服务：审慎开放

（1）所有保险及其相关服务

所有保险及其相关服务包括：寿险、健康险和养老金/年金险；非寿险；

再保险；以及保险附属服务。

在市场准入方面，中国对于冰岛以商业存在模式提供保险及其相关服务，中国的开放措施如表4-17所示。

表4-17 保险及其相关服务开放措施：商业存在模式

开放措施类型	具体内容
企业形式	1. 允许冰岛非寿险公司设立分公司或者独资子公司，取消企业形式限制 2. 允许冰岛的寿险公司设立外资占50%的合资企业，并可自行选择合资伙伴 3. 合资企业合资伙伴有权议定合作条款，只要它们不超过减让表所包含承诺的限度 4. 对于大型商业险经纪、再保险经纪、国际海运、空运和运输保险和再保险经纪，允许设立外资独资子公司 5. 允许保险公司设立内部分支机构
业务范围	1. 允许冰岛的非寿险公司提供无地域限制的"统括保单"（见协定附录3）保险/大型商业险保险。依照国民待遇，将允许冰岛保险经纪公司不迟于中国保险经纪公司，并以不低于中国保险经纪公司的条件提供"统括保单"业务 2. 允许冰岛非寿险公司向外国和国内客户提供全部非寿险服务。允许冰岛保险公司向外国人和中国人提供健康险、个人险/团体和养老金/年金险 3. 允许冰岛保险公司以分公司、合资企业或外资独资子公司的形式提供寿险和非寿险的再保险服务，无地域限制或发放营业许可的数量限制

许可的发放没有经济需求测试或许可的数量限制。设立外资保险机构需满足一定资格条件。

此外，在国民待遇方面，对于商业存在模式，除外国保险机构不得从事法定保险业务外，没有限制。

（2）银行及其他金融服务

在市场准入方面，中国对于冰岛以商业存在模式提供银行服务，中国的开放措施如表4-18所示。

表4-18 银行服务开放措施：商业存在模式

服务活动	开放措施
银行及其他金融服务 （不包括保险和证券） a.接收公众存款和其他应付公众资金 b.所有类型的贷款，包括消费信贷、抵押信贷、商业交易的代理和融资 c.金融租赁	地域限制 对于外汇业务和本币业务，无地域限制 客户 1.对于外汇业务，允许冰岛金融机构在中国提供服务，无客户限制 2.对于本币业务，允许冰岛金融机构向中国企业提供服务。 允许冰岛金融机构向所有中国客户提供服务

服务活动	开放措施
d. 所有支付和汇划服务，包括信用卡、赊账卡和贷记卡、旅游支票和银行汇票（包括进出口结算） e. 担保和承诺 f. 自行或代客外汇交易	3. 获得在中国一地区从事本币业务营业许可的冰岛金融机构可向位于已开放此类业务的任何其他地区的客户提供服务 4. 国民待遇方面，除审慎措施外没有限制。外国金融机构可以同外商投资企业、非中国自然人、中国自然人和中国企业进行业务往来，无个案批准的限制或需要。其他，没有限制

营业许可方面，中国金融服务部门进行经营的批准标准仅为审慎性的（即不含经济需求测试或营业许可的数量限制），冰岛企业需遵循银行总资产规模等相关要求。

此外，中国对冰岛以境外消费方式提供银行服务，在市场准入和国民待遇方面均没有限制。

其他金融服务见表4-19。

表4-19　其他金融服务开放措施：商业存在模式

服务活动	开放措施
非银行金融机构从事汽车消费信贷服务	1. 以境外消费模式提供服务：没有限制 2. 以商业存在模式提供服务：没有限制 3. 可以以跨境交付模式提供服务：冰岛可以提供和转让金融信息、金融数据处理以及与其他金融服务提供者有关的软件；及相关金融活动的咨询、中介和其他附属服务
其他金融服务 - 提供和转让金融信息、金融数据处理以及与其他金融服务提供者有关的软件； - 就有关金融活动进行咨询、中介和其他附属服务	1. 以跨境交付和境外消费模式提供服务：没有限制 2. 商业存在：没有限制。中国金融服务部门进行经营的批准标准仅为审慎性的（即不含经济需求测试或营业许可的数量限制）。允许冰岛设立分支机构

（3）证券服务

以跨境交付模式提供的服务，冰岛证券机构可以不通过中国中介直接从事 B 股交易。

冰岛证券机构在中国的代表处可成为所有中国证券交易所的特别会员。

允许冰岛服务提供者设立合资公司，从事国内证券投资基金管理业务，外资最多可达49%。

允许冰岛证券公司设立合资公司，外资拥有不超过1/3的少数股权，合资公司可以不通过中方中介从事A股的承销、B股和H股及政府和公司债券的承销和交易、基金的发起。

中国金融服务部门进行经营的批准标准仅为审慎性的，不含经济需求测试或营业许可的数量限制。

需要指出的是，近年来中国在银行、保险、证券等金融领域采取了进一步开放措施，超出了中国在中冰自贸协定框架下做出的承诺，这些新的开放措施同样适用于冰岛。①

8. 旅游及与旅行相关的服务：个别业务有限制

对饭店（包括公寓楼）和餐馆、旅行社和旅游经营者两个部门，冰方以跨境交付和境外消费模式提供服务，没有限制。

冰岛服务提供者可在中国建设、改造和经营饭店及餐馆设施，允许设立外商独资子公司。但合资或外资独资旅行社和旅游经营者不允许从事中国公民出境及赴中国香港特别行政区、中国澳门特别行政区和中国台湾地区的旅游业务。

9. 运输服务：开放部门较多

（1）海运服务中的国际运输（货运和客运）

冰岛以境外消费方式提供服务，没有限制。设立注册公司，经营悬挂中华人民共和国国旗的船队：允许外国服务提供者设立合资船运公司。外资不

---

① 2018年以来，我国采取多项金融开放措施，扩大经营范围，放宽市场准入条件，放开股比限制。我国进一步扩大外资银行业务范围，增加代理发行、代理兑付、承销政府债券、代理收付款项业务。将外国银行分行可以吸收中国境内公民定期存款的数额下限由每笔不少于100万元人民币下调为不少于50万元人民币。取消对外资银行开办人民币业务的审批，同时明确开办人民币业务应当符合国务院银行业监督管理机构规定的审慎性要求。放宽外资保险公司准入条件，取消30年经营年限要求。合资寿险公司外资持股比例可达100%。取消境内保险公司合计持有保险资产管理公司的股份不得低于75%的规定，允许境外投资者持有股份超过25%。允许外资机构在华对银行间债券市场和交易所债券市场的所有种类债券开展信用评级业务。鼓励境外金融机构参与设立、投资入股商业银行理财子公司。允许境外资产管理机构与中资银行或保险公司的子公司合资设立由外方控股的理财公司。允许境外金融机构投资设立、参股养老金管理公司。支持外资全资设立或参股货币经纪公司。取消QFII/RQFII投资额度限制以及RQFII试点国家和地区限制。允许外资机构获得银行间债券市场A类主承销牌照。证券公司、基金管理公司和期货公司外资可以拥有100%股权，外资机构在经营范围和监管要求上均实现国民待遇。详细内容可参阅中国银行保险监督管理委员会 http://www.cbirc.gov.cn、中国证券监督管理委员会 http://www.csrc.gov.cn 相关文件。

得超过合资企业注册资本的49%。合资企业的董事会主席和总经理应由中国任命。

（2）辅助服务（见表4-20）

表4-20　辅助服务开放措施

服务部门	开放措施
海运理货服务 海运报关服务 集装箱堆场服务	1.冰岛以境外消费模式提供服务，没有限制 2.商业存在：仅限于合资企业形式，允许外资拥有多数股权
海运代理服务	1.冰岛以跨境交付和境外消费模式提供服务，没有限制 2.商业存在：仅限于合资企业形式，外资股比不超过49%

（3）内水运输中的货运服务

以跨境交付模式提供的服务，中国只允许冰岛企业在对外国船舶开放的港口从事国际运输。以境外消费模式提供服务，没有限制。

（4）航空器的维修服务

冰岛以境外消费模式提供服务，没有限制。允许冰岛服务提供者在中国设立合资航空器维修企业，中国应在合资企业中控股或处于支配地位。

（5）计算机订座系统服务

冰岛以境外消费模式提供服务，没有限制。

冰岛以跨境交付模式提供服务，其计算机订座系统如果与中国航空企业和中国计算机订座系统订立协议，则可通过与中国计算机订座系统连接，向中国空运企业和中国航空代理人提供服务。冰岛计算机订座系统可向根据双边航空协定有权从事经营的外国空运企业，在中国通航城市设立的代表处或营业所提供服务。

对于以商业存在模式提供的服务，允许冰岛服务提供者在华与中国的计算机订座系统服务提供者成立合资企业。中国应在合资企业中控股或处于支配地位。设立合资企业的营业许可需进行经济需求测试。

（6）铁路货运、公路卡车和汽车货运服务

中国完全开放，没有限制，允许设立外资独资子公司。

（7）机动车保养和维修服务

中国没有限制，允许设立外资独资子公司。

（8）所有运输方式的辅助服务（见表4-21）

表4-21 所有运输方式的辅助服务开放措施

服务部门	开放措施
仓储服务	1. 冰方以境外消费模式提供服务，没有限制 2. 商业存在：允许设立外资独资子公司
货物运输代理服务 其他辅助服务部门	1. 冰方以跨境交付和境外消费模式提供服务，没有限制 2. 商业存在：允许有至少连续3年经验的冰岛货运代理机构在中国设立合资货运代理企业。允许设立外资独资子公司。合资企业的经营期限不得超过20年。在中国经营1年以后，合资企业可设立分支机构。冰岛货运代理机构在其第一家合资企业经营2年后，可设立第二家合资企业

整体来看，中国对冰岛服务贸易的开放水平较高。与计算机硬件安装有关的咨询服务、数据处理和制表服务、分时服务、特许经营、无固定地点的批发和零售服务等部门完全向冰岛开放，没有限制。软件实施服务、输入准备服务、涉及自有或租赁资产的房地产服务、以收费或合同为基础的房地产服务、笔译和口译、税收、管理咨询、包装、维修、办公机械和设备（包括计算机）维修、速递服务、铁路货运、公路卡车、汽车货运等部门允许设立外资独资公司或子公司。此外，在商业服务等多个部门，允许冰岛设立合作企业，外资可以拥有多数股权。

总体而言，中国和冰岛两国经济具有较强互补性，中国服务部门进一步开放对企业的整体影响有限。冰岛对中国出口的主要部门是运输、旅游服务，所占比重超过90%。中国旅游部门除个别业务外没有限制，相关企业需要应对开放市场的竞争压力。中国开放了较多运输服务部门，但具有一定的竞争优势，对企业影响较小。中国其他服务部门开放对企业冲击不大。

第四节 冰岛对中国的服务贸易承诺解读

根据中冰自贸协定，冰岛以正面清单的方式承诺对中国开放服务市场，为中国企业进入冰岛市场，向冰岛企业和居民提供了更多提供服务的机会。

一、冰岛对中国的服务贸易开放：部门概览

中冰自贸协定附件7-2是冰岛的服务贸易具体承诺减让表，列入开放承诺的服务部门共包括9大类，即商业服务、通信服务、建筑及相关的工程服务、分销服务、环境服务、金融服务、旅游及与旅行相关的服务、娱乐文化和体育服务、运输服务（见表4-22）。在58个分部门中，有32个分部门列入承诺。

表4-22　冰岛对中国开放的部门

承诺服务部门	承诺分部门数目
1. 商业服务	6
2. 通信服务	1
3. 建筑及相关的工程服务	4
4. 分销服务	4
5. 环境服务	4
6. 金融服务	2
7. 旅游及与旅行相关的服务	3
8. 娱乐文化和体育服务	4
9. 运输服务	4

与《服务贸易总协定》中的承诺相比，冰岛对中国的服务开放部门增多，服务开放程度有一定加深。新增部门主要涉及海运服务部门，服务开放深化的部门主要涉及商业服务、金融服务、运输服务3大类（见表4-23）。

表4-23　冰岛对中国进一步开放的部门

新增承诺部门	承诺深化部门和活动
1. 海运服务	1. 国内法的法律咨询活动
– 国际运输（货运和客运）	2. 会计、审计和簿记服务
2. 海运辅助服务	3. 自然科学研究与开发服务
– 海运理货服务	4. 保险及其相关服务
3. 海运辅助服务	5. 航空运输中的销售服务
– 仓储服务；报关服务；集装箱堆场服务	6. 计算机订座系统服务
4. 海运辅助服务	
– 其他支持及辅助运输服务	

二、解读冰岛服务贸易承诺：超越《服务贸易总协定》的服务开放亮点

冰岛取消了一些部门的投资限制，增加开放了若干服务部门，部分部门开放程度进一步提高。这些措施为中国企业扩大在冰岛服务业投资和开发市场提供了机遇。

（一）适用于所有部门的进一步开放

与《服务贸易总协定》中的承诺相比，冰岛的水平承诺有所不同，其进一步开放措施主要体现在取消了某些投资限制。

1. 某些部门取消了投资限制（见表4-24）

表4-24　冰岛水平承诺变化：取消投资限制

《服务贸易总协定》承诺	中冰自贸协定
根据GATS的承诺，除非得到特别许可，冰岛对除电力密集行业、贸易服务业、通信行业和渔业养殖业之外的制造业要求非居民投资不得超过行业投资的25%，非居民或非居民合资企业对上述行业投资1年内不得超过2.5亿冰岛克朗	在中冰自贸协定中，冰岛取消了在GATS承诺中对这些行业投资比例和投资额的限制

2. 中国公司分支机构和代理机构可以获得子公司待遇（见表4-25）

表4-25　冰岛水平承诺变化：给予子公司待遇

《服务贸易总协定》承诺	中冰自贸协定
中国公司在欧洲经济区（EEA）成员设立的分支机构和代理机构，如果能证明与EEA某一成员的经济存在长期有效的联系，就可以享受依照冰岛法律设立并在冰岛设有总公司、中心行政机构或主要营业点的公司的子公司的待遇	在中冰自贸协定中，冰岛将范围扩大至欧洲自由贸易联盟（EFTA） 具体承诺：中国公司在EEA或EFTA成员设立的分支机构如代理机构，如果能证明与EFTA某一成员的经济存在长期有效的联系，也可以享受依照冰岛法律设立并在冰岛设有总公司、中心行政机构或主要营业点的公司的子公司的待遇

（二）新增部门的开放措施

与《服务贸易总协定》中的承诺相比，冰岛向中国新增加开放的部门集中

于运输服务，新增了6个服务子部门，包括：海运国际运输（货运和客运，包括内水运输）、海运辅助服务中的理货服务、海运仓储服务、报关服务、集装箱堆场服务、其他支持及辅助运输服务（见表4-26）。

表4-26　运输服务部门开放措施

承诺服务部门和活动	开放措施
海运国际运输服务 （货运和客运，包括内水运输）	1.中国以跨境交付和境外消费模式提供服务，没有限制 2.中国以商业存在模式提供服务，没有限制（不包括为经营一冰岛船旗的船队而设立一个注册公司）
海运理货服务 海运货物运输代理服务 其他支持及辅助运输服务	中国服务提供者以跨境交付、境外消费、商业存在模式提供服务，没有限制
海运仓储服务 报关服务 集装箱堆场服务	中方以境外消费和商业存在模式提供服务，没有限制
海运经营者要求的辅助服务	1.国际海运提供者可以按照合理和非歧视的条款和条件获得下列港口服务：领航；拖带和牵引辅助；物资供应、供油和供水；垃圾收集和压舱废物处理；驻港船长服务；助航设备；船舶运营所必需的岸基运营服务，包括通信、水、电供应；紧急修理设施；锚地、泊位和靠泊服务；集装箱管理、仓储、货运

此外，冰岛还承诺，对于承诺减让表未涵盖的公路、沿海运输及其相关辅助运输服务，多式联运经营者可以租用、雇用或包租卡车及相关设备，以进行海运国际货物的内陆运输，或者以提供多式联运服务为目的实施和使用此类多种运输活动。

（三）承诺深化部门的进一步开放措施

与《服务贸易总协定》中的承诺相比，冰岛在国内法的法律咨询活动，会计、审计和簿记服务，自然科学研究与开发服务，保险及其相关服务，航空运输服务中的销售服务、计算机订座系统服务等子部门进一步对中国开放（见表4-27）。

表4-27 承诺深化部门的进一步开放措施

承诺服务部门和活动	开放措施
国内法的法律咨询活动	1. 中国以跨境交付方式提供服务，在市场准入方面没有限制 2. 中国以境外消费方式提供服务，在市场准入方面和国民待遇方面均没有限制 3. 中国以商业存在模式提供服务，须注意，唯有冰岛律师协会的成员具有在法庭上代表委托人的权利
会计、审计和簿记服务	1. 中国以跨境交付、境外消费、商业存在模式提供服务，均没有限制
自然科学研究与开发服务	1. 中国以跨境交付、境外消费、商业存在模式提供服务，在市场准入方面没有限制 2. 中国以商业存在、自然人移动模式提供服务，在国民待遇方面没有限制
保险及其相关服务	1. 中国以境外消费模式提供服务，没有限制 2. 中国企业以商业存在模式提供服务，须注意：（1）非在EEA成员或EFTA成员成立的保险企业如需在冰岛设立分支机构须经授权批准。（2）保险企业发起人中的多数必须为冰岛居民或在冰岛注册的法人、在另一EEA或EFTA成员定居的EEA或EFTA成员公民，或在EEA或EFTA成员注册的法人。（3）保险企业的经理和董事会成员应为冰岛居民。其他EEA和EFTA成员公民不受居住地要求限制。商务部部长可以批准免除这一要求
航空运输服务 －销售服务 －计算机订座系统服务	1. 中国以跨境交付、境外消费、商业存在模式提供服务，没有限制 2. 中国以自然人移动方式提供服务，在国民待遇方面没有限制

三、解读冰岛服务贸易承诺：与《服务贸易总协定》一致的全面开放措施

冰岛在中冰自贸协定中的承诺多数与其在《服务贸易总协定》中的承诺一致。中国企业需要了解冰岛服务部门的全面开放措施及市场环境，开拓服务市场。

（一）适用于所有部门的承诺

适用于所有减让表中的部门承诺主要包括三部分内容：一是以商业存在模式提供服务的承诺和限制条件；二是自然人存在模式下对服务提供者临时入境的承诺和限制条件；三是对补贴事项的规定。

1. 商业存在

对于以商业存在模式提供服务，冰岛在市场准入和国民待遇方面的承诺主要是涉及一些事项的报告、投资许可、房地产相关内容（见表4-28）。

表4-28　商业存在模式的承诺

市场准入	国民待遇
1. 所有外汇交易必须向冰岛中央银行报告 2. 所有外国政府或被外国政府拥有的公司/组织的外国投资需要获得冰岛商务部的特别许可 3. 服务提供者应向冰岛商务部报告非居民在冰岛商业企业的投资，并向冰岛中央银行报告非居民在冰岛的证券投资情况 4. 如果房地产租赁期限超过3年，并且非用于正常商业活动，非居民未经冰岛司法部许可不得签订房地产租赁协定	1. 冰岛有限责任公司的审计师必须至少有1人为冰岛居民或为有资质的本国注册会计师事务所 2. 非居民仅可结合其商业活动而要求获得房地产，并且仅能获得与房地产有关的普通产权。如果房地产还包括特殊产权，如瀑布、地热能源等的开发权，则非居民不能获得房地产的完全产权 3. 涉及非居民对房地产所有权及长期使用权的契约必须经司法部书面签署方可生效

中国企业需要注意的是，虽然冰岛取消了一些领域的投资限制，但有些涉及房地产租赁、出售等的投资还须经过冰岛司法部的许可。冰岛政府仍可能会出于各种原因拒绝非居民的投资。

2. 所有部门的人员移动

对于以自然人存在模式提供服务，冰岛规定，作为公司内部人员的高级管理人员、经理、专家以及服务销售商，临时入境不需要进行劳动市场测试，对于其他类别的人员流动，冰岛不做承诺（见表4-29）。

表4-29　不需要劳动市场测试的公司内部人员

人员类型	定义
高级管理人员	主要负责协定所涉及组织的管理的人员，负责设立组织的目标，并拥有很大的决策权。高级管理人员不必直接从事与提供服务有关的实际工作
经理	负责指导协定所指组织或其部门的运作，在较高层次负责监督和掌控组织的服务提供职能，并拥有雇用、解雇或建议雇用、解雇人员及其他人事权利
专家	在组织中拥有高水平专业知识或高度了解组织的服务、研究设备、技术或管理的人员
服务销售商	作为协定所指组织代表人员，他们以为服务提供者开展服务销售谈判或服务提供协定为目的临时入境，但不直接针对公众开展销售活动

3. 有关补贴的限制措施

冰岛规定，仅有在冰岛领土内设立的法人才具有获得补贴的资格，但对与研究与开发相关的补贴不做承诺。

仅冰岛公民可获得只发放给自然人的补贴。在冰岛提供服务的中国公民无法获得相关补贴。

（二）具体部门的开放措施

1. 商业服务：多数部门没有限制

（1）多数子部门完全开放

商业服务大类中，冰岛开放了多数子部门和服务活动。中国以跨境交付、境外消费、商业存在模式提供服务，在市场准入和国民待遇方面，冰岛均没有限制（见表4-30）。

表4-30　对三种服务提供模式开放的子部门和服务活动

服务部门和活动	
1. 有关国际法和外国法的法律咨询	14. 管理咨询服务
2. 会计、审计和簿记服务部门	15. 与管理咨询相关的服务
3. 税务服务	16. 技术测试和分析服务
4. 建筑设计服务	17. 与农业、狩猎和林业有关的服务
5. 工程服务	18. 附属于制造业的服务
6. 集中工程服务	19. 人员安置与供应服务
7. 城市规划及景观设计服务	20. 相关科学技术咨询服务
8. 与计算机硬件安装有关的咨询服务	21. 设备维护与修理
9. 软件开发（包括软件实施）	22. 建筑物清洗服务
10. 跨学科研究与开发服务	23. 摄影服务
11. 与其他机器和设备相关的租赁服务	24. 包装服务
12. 不含操作者的租赁服务（其他）	25. 会议服务
13. 广告服务	

（2）少数部门有限制或要求

A. 兽医服务

以商业存在模式和自然人存在模式提供服务，要求具备冰岛语言能力。冰岛对农村地区的兽医数量有限制。其他没有限制。

B.计算机及其相关服务（见表4-31）

表4-31　计算机及其相关服务开放措施与要求

承诺服务部门和活动	开放措施和要求
1.与计算机硬件安装有关的咨询服务 2.软件开发（包括软件实施）	没有限制
3.数据处理服务 4.数据库服务 5.包括计算机在内的办公机器和设备维护及修理服务 6.其他计算机服务	冰岛规定：以跨境交付模式提供服务，如需在冰岛管辖范围外对个人数据进行处理，须获得许可。其他没有限制

C.研究与开发服务（见表4-32）

表4-32　研究与开发服务开放措施与要求

承诺服务部门和活动	开放措施和要求
1.跨学科研究与开发服务	没有限制
2.自然科学研究与开发服务 3.人文社会科学研究与开发服务	以跨境交付和境外消费模式提供服务： 1.研究设备的进口需要获得许可 2.未经冰岛自然历史研究院的批准，自然历史标本不得出口 3.未经博物馆委员会许可，考古发现不得出口 以商业存在模式和自然人存在模式提供服务： 冰岛及外国考古研究者的所有考古研究都需经考古保护局的批准

D.房地产服务

冰岛开放了自有或租赁资产的房地产服务、以收费或合同为基础的房地产服务两个子部门。

对于以跨境交付、境外消费模式提供服务，冰岛没有限制。

商业存在方面，以商业存在模式提供服务，冰岛要求，为避免造成客户的损失须缴纳保证金或投保责任险，提供房地产销售服务的许可全部需要经过个人授权。

国民待遇方面，以商业存在模式、自然人存在模式提供服务，冰岛要求，为提供住宅建筑和土地销售服务及其他与房地产购销相关的中介服务，在取得许可之前，需满足1年的居住期要求。

E. 不含操作者的租赁服务

以跨境交付和境外消费模式提供服务，冰岛没有限制。有关要求主要集中在商业存在模式（见表4-33）。

表4-33 商业存在模式方面的要求

服务部门	相关要求
不含操作者的租赁服务	1.市场准入：租赁服务必须由有限责任公司（租赁公司）、注册商业银行或储蓄银行提供 2.国民待遇：租赁公司董事会中的多数应为冰岛居民。经理应为冰岛居民及某一北欧国家的公民
有关船舶的租赁服务	市场准入：如需在船舶注册机构注册，船舶必须由在冰岛定居的冰岛自然人或法人所有。对渔业船舶有更严格的国籍限制
有关航空器的租赁服务	市场准入：如需在航空器注册机构注册，航空器必须由在冰岛定居的冰岛自然人或法人所有
与其他运输设备相关的租赁服务	国民待遇：对汽车租赁服务有居住地要求

F. 其他商业服务

对于市场调研及民意调查服务，冰岛要求，如需在冰岛管辖范围之外对个人数据进行处理，须经过许可。其他没有限制。

对于印刷和出版服务，冰岛对于报纸或杂志的出版有本国领土内的居住地要求，对编辑有居住地要求。

2. 通信服务：电信服务开放程度高

在通信服务大类中，冰岛主要开放了电信服务部门。对于电信服务的各个子部门，对于以跨境交付、境外消费、商业存在模式提供服务，冰岛均没有限制（见表4-34）。

表4-34 电信服务开放的服务子部门和活动

服务子部门和活动	
1.语音电话	8.移动和个人通信服务及系统
2.分组交换数据传输业务	9.电子邮件
3.电路交换数据传输业务	10.语音邮件
4.电传服务	11.在线信息和数据检索
5.电报服务	12.电子数据交换
6.传真服务	13.增值传真服务
7.电路租用服务	14.编码和规程转换

3. 建筑及相关工程服务：多数部门完全开放

冰岛开放的服务部门和活动包括：一般建筑工程、一般土木工程、安装与装配工程、房屋装修装饰工程。

中方以跨境交付、境外消费、商业存在模式提供服务，没有限制。

4. 分销服务：多数部门完全开放

冰岛开放的服务部门和活动包括：佣金代理服务、批发服务、零售服务（食品零售业服务、非食品零售服务、汽车的销售、汽车零件和附件的销售、摩托车和雪地用汽车及有关零件和附件的销售）、特许经营。

中方以跨境交付、境外消费、商业存在模式提供服务，没有限制。

5. 环境服务：个别服务有许可要求

冰岛开放了排污服务、固体废物处理服务、卫生服务和其他环境服务4个子部门。

中方以境外消费模式提供服务，没有限制。以商业存在模式提供服务，冰岛要求提供排污服务、固体废物处理服务和其他环境服务需取得环境经营许可，其他没有限制。

6. 金融服务限制较多

对于银行及其他金融服务部门（不包括保险），中方以跨境交付模式提供服务，在市场准入方面没有限制。在国民待遇方面，冰岛规定，金融机构应向冰岛中央银行报告非居民所掌控的服务提供者的账户余额情况。

以境外消费模式提供服务，冰岛完全开放，没有限制。

以商业存在模式提供银行及其他金融服务，冰岛有相关限制和要求，中国企业需要注意（见表4-35）。

表4-35　商业存在模式方面的要求

市场准入方面	国民待遇方面
1. 经金融监管委员会（FME）批准，在非 EEA 成员或 EFTA 成员设立的从事证券服务的信贷机构或企业可以设立分支机构或代表处	1. 信贷机构的发起人应为在冰岛定居的自然人或法人。冰岛商务部有权利批准例外情况。其他 EEA 或 EFTA 成员的公民和法人不受居住地要求的限制

市场准入方面	国民待遇方面
2. 信贷机构及从事证券服务企业设立仅限于有限责任公司形式 3. 仅商业银行和储蓄银行拥有接受公众储蓄或可偿还基金的权利 4. 证券发行服务只能由证券企业或其他授权机构提供	2. 从事证券服务的信贷机构和企业或可转让证券集体投资计划（UCITS）的经理，及大部分董事会成员应为冰岛居民。其他 EEA 和 EFTA 成员公民不受这一居住地要求限制。冰岛商务部可批准非 EEA 成员或非 EFTA 成员公民获得例外许可 3. 服务提供者应向冰岛商务部报告非居民在冰岛商业企业的投资状况，并向冰岛中央银行报告非居民在冰岛的证券投资状况

7. 旅游及与旅行相关的服务：较为开放但有相关要求

冰岛开放了饭店和餐馆服务部门（包括餐饮）、旅行社和旅游经营者、导游服务3个子部门（见表4-36）。

表4-36 旅游及与旅行相关的服务开放措施及要求

服务部门和活动	开放措施及要求
饭店和餐馆服务（包括餐饮）	1. 跨境交付和境外消费模式：没有限制 2. 商业存在模式：要求取得执照的条件为冰岛居民 3. 自然人存在模式：要求取得执照的条件为冰岛居民
旅行社和旅游经营者	1. 跨境交付和境外消费模式：没有限制 2. 商业存在模式：为避免因破产而对客户造成损失，需提供保证金或投保责任险 3. 自然人存在模式：取得执照的条件为经理是冰岛居民
导游服务	1. 跨境交付、境外消费、商业存在模式：没有限制 2. 自然人存在模式：冰岛规定，本地导游享有提供专业服务的权利。非居民导游经特别许可可以从事临时性工作

8. 娱乐和文化体育服务（视听服务除外）：进入冰岛市场有要求

冰岛开放的部门包括：娱乐服务（包括剧院、乐队现场及马戏团服务）；通信社服务；图书馆、档案馆、博物馆及其他文化服务；体育和其他娱乐服务。

以跨境交付、境外消费模式提供服务，在市场准入和国民待遇方面，冰岛没有限制。

以商业存在模式提供服务，冰岛有相关要求（见表4-37）。

表4-37　以商业存在模式提供服务的要求

服务部门和活动	相关要求
娱乐服务（包括剧院、乐队现场及马戏团服务）	国民待遇方面：对特定地方、地区或国家活动的定向金融支持
通信社服务	市场准入方面：管理职能须经有关部门酌情授权批准
图书馆、档案馆、博物馆及其他文化服务	国民待遇方面：对特定地方、地区或国家活动的定向金融支持
体育和其他娱乐服务	1.市场准入方面：赌博、自动贩卖机及类似活动须经发放许可。职业拳击为非法，但允许业余拳击活动 2.国民待遇方面：对特定地方、地区或国家活动的定向金融支持

此外，对于通信社服务，在自然人存在模式下，冰岛对报纸或杂志编辑的居住地有条件要求。

9. 运输服务较为开放

除了新增的海运服务外，冰岛向中国开放的运输服务还包括航空运输服务、公路运输服务、所有运输方式的辅助服务（见表4-38）。

表4-38　运输服务开放措施及要求

服务部门和活动	开放措施及要求
航空器及其零部件的维护与修理	以境外消费、商业存在模式提供服务：没有限制
公路运输服务 – 货运 – 配备操作人员的商业车辆的出租 – 公路运输工具的维护与修理 – 公路运输服务的支持服务	以跨境交付、境外消费、商业存在模式提供服务：没有限制
公路运输服务 – 客运服务	1.以跨境交付、境外消费模式提供服务：没有限制 2.以商业存在模式提供服务，冰岛规定：从事商业陆地运输服务，须经授权批准，冰岛在特定地区和路线可能实行数量限制或独家许可
所有运输方式的辅助服务 – 仓储服务	以境外消费、商业存在模式提供服务：没有限制
所有运输方式的辅助服务 – 货物运输代理服务 – 其他	以跨境交付、境外消费、商业存在模式提供服务：没有限制

四、利用机遇，防范风险

整体而言，冰岛对中国的服务开放水平较高，多数部门为中国企业进入冰岛市场提供了机遇。

具体来看，旅游及与旅行相关服务是中国对冰岛的第一大出口部门，占服务总出口的40%左右。冰岛向中国开放了饭店和餐馆服务（包括餐饮）、旅行社和旅游经营者、导游服务3个子部门，中国企业可以进入当地市场。但需要注意的是国民待遇方面的限制，某些工作取得执照的条件是本地居民，企业经营要符合提供服务的相关资格和条件。

商业服务、运输服务分别是中国对冰岛出口的第二大、第三大服务部门，合计所占比重约为29%。冰方多数商业服务子部门完全开放，部分海运、航空、公路及辅助服务允许进入冰岛市场。中国企业在这两类服务部门中具有一定的竞争力，应当充分利用开放机遇。需要注意的是某些限制和要求，个别服务需要经过授权批准或获得许可，才能进入当地市场。

冰岛的电信服务、建筑及相关工程服务、分销服务（不包括武器、酒精饮料、烟草及药物）等部门中多数服务活动向中国市场完全开放。比较而言，这些部门的市场规模有限，企业进入冰岛市场需要谨慎。

总之，中国企业应当利用冰岛服务部门开放的机遇，保持已有优势，进一步扩大出口。同时，也应当注意提供服务和进入冰岛市场的要求和条件，避免影响正常经营活动。

附录 《服务贸易总协定》服务部门分类（MTN.GNS/W/120[①]）

部门和分部门	相对应的 CPC 号
1. 商业服务	
A. 专业服务	
法律服务	861
会计、审计和簿记服务	862

---

① 参考文件：（1）世界贸易组织，服务部门分类（MTN.GNS/W/120 of 10 July 1991），http://www.wto.org。（2）联合国经济和社会事务部统计司，临时中央产品分类（ST/ESA/STAT/SER.M/77），https://unstats.un。

部门和分部门	相对应的 CPC 号
税收服务	863
建筑设计服务	8671
工程服务	8672
集中工程服务	8673
城市规划和园林建筑服务	8674
医疗和牙科服务	9312
兽医服务	932
助产士、护士、理疗医师和护理员提供的服务	93191
其他	
B.计算机及相关服务	
与计算机硬件安装有关的咨询服务	841
软件执行服务	842
数据处理服务	843
数据库服务	844
其他	845+849
C. 研究和开发服务	
自然科学的研究和开发服务	851
社会科学和人文科学的研究和开发服务	852
边缘学科的研究和开发服务	853
D.房地产服务	
涉及自有或租赁房地产的服务	821
基于收费或合同的房地产服务	822
E. 无操作人员的租赁服务（干租服务）	
船舶租赁	83103
航空器租赁	83104
其他运输设备租赁	83101+83102+83105
其他机械设备租赁	83106–83109
其他	832
F. 其他商业服务	
广告服务	871
市场调研和民意测验服务	864

部门和分部门	相对应的 CPC 号
管理咨询服务	865
与管理咨询相关的服务	866
技术测试和分析服务	8676
与农业、狩猎和林业有关的服务	881
与渔业有关的服务	882
与采矿业有关的服务	883+5115
与制造业有关的服务	884+885（除了 88442）
与能源分配有关的服务	887
人员提供与安排服务	872
调查与保安服务	873
相关的科学和技术咨询服务	8675
设备的维修和保养服务	633+8861-8866
建筑物清洁服务	874
摄影服务	875
包装服务	876
印刷和出版服务	88442
会议服务	87909
其他	8790
2. 通信服务	
A. 邮政服务	7511
B. 速递服务	7512
C. 电信服务	
语音电话服务	7521
集束切换数据传输服务	7523
线路切换数据传输服务	7523
电传服务	7523
电报服务	7522
传真服务	7521+7529
私有线路租赁服务	7522+7523
电子邮件服务	7523
语音邮件服务	7523

部门和分部门	相对应的 CPC 号
在线信息和数据调用服务	7523
电子数据交换服务	7523
增值传真服务，包括储存和发送、储存和调用	7523
编码和规程转换服务	n.a.
在线信息和 / 或数据处理（包括传输处理）	843
其他	
D. 视听服务	
电影和录像的制作和发行服务	9611
电影放映服务	9612
广播和电视服务	9613
广播和电视传输服务	7524
录音服务	n.a.
其他	
E. 其他	
3. 建筑和相关的工程服务	
A. 建筑物的总体建筑工作	512
B. 民用工程的总体建筑工作	513
C. 安装和组装工作	514+516
D. 建筑物的装修工作	517
E. 其他	511+515+518
4. 分销服务	
A. 佣金代理服务	621
B. 批发销售服务	622
C. 零售服务	631+632+6111+6113+6121
D. 特许经营服务	8929
E. 其他	
5. 教育服务	
A. 初级教育服务	921
B. 中等教育服务	922
C. 高等教育服务	923
D. 成人教育服务	924

部门和分部门	相对应的 CPC 号
E. 其他教育服务	929
6.环境服务	
A. 排污服务	9401
B. 废物处理服务	9402
C. 卫生及类似服务	9403
D. 其他	
7.金融服务	
A. 所有保险和与其相关的服务	812
人寿险、意外险和健康保险服务	8121
非人寿保险服务	8129
再保险和转分保服务	81299
保险辅助服务（包括保险经纪、保险代理服务）	8140
B. 银行和其他金融服务（不含保险）	
接受公众存款和其他需偿还的资金	81115–81119
所有类型的贷款，包括消费信贷、抵押贷款、保理和商业交易的融资	8113
金融租赁	8112
所有支付和货币汇送服务	81339
担保与承兑	81199
在交易市场、公开市场或其他场所自行或代客交易	
f_1. 货币市场票据	81339
f_2. 外汇	81333
f_3. 衍生产品，包括，但不限于期货和期权	81339
f_4. 汇率和利率契约，包括调期和远期利、汇率协议	81339
f_5. 可转让证券	81321
f_6. 其他可转让的票据和金融资产，包括金银条块	81339
参与各类证券的发行	8132
货币经纪	81339
资产管理	8119+81323
金融资产的结算和清算，包括证券、衍生产品和其他可转让票据	81339 或 81319
咨询和其他辅助金融服务	8131 或 8133
提供和传输其他金融服务提供者提供的金融信息、金融数据处理和相关的软件	8131

部门和分部门	相对应的 CPC 号
C. 其他	
8. 与健康相关的服务和社会服务（除专业服务中所列以外）	
A. 医院服务	9311
B. 其他人类健康服务	9319（除了 93191）
C. 社会服务	933
D. 其他	
9. 旅游和与旅行相关的服务	
A. 饭店和餐饮服务（包括外卖服务）	641–643
B. 旅行社和旅游经营者服务	7471
C. 导游服务	7472
D. 其他	
10. 娱乐、文化和体育服务	
A. 文娱服务（除视听服务以外）	9619
B. 新闻社服务	962
C. 图书馆、档案馆、博物馆和其他文化服务	963
D. 体育和其他娱乐服务	964
E. 其他	
11. 运输服务	
A. 海洋运输服务	
客运服务	7211
货运服务	7212
船舶和船员的租赁	7213
船舶维修和保养	8868
拖驳服务	7214
海运支持服务	745
B. 内水运输服务	
客运服务	7221
货运服务	7222
船舶和船员的租赁	7223
船舶维修和保养	8868
拖驳服务	7224

部门和分部门	相对应的 CPC 号
内水运输的支持服务	745
C. 航空运输服务	
客运服务	731
货运服务	732
带乘务员的飞机租赁服务	734
飞机的维修和保养服务	8868
空运支持服务	746
D. 航天运输服务	733
E. 铁路运输服务	
客运服务	7111
货运服务	7112
推车和拖车服务	7113
铁路运输设备的维修和保养服务	8868
铁路运输的支持服务	743
F. 公路运输服务	
客运服务	7121+7122
货运服务	7123
商用车辆和司机的租赁	7124
公路运输设备的维修和保养服务	6112+8867
公路运输的支持服务	744
G. 管道运输	
燃料传输	7131
其他货物的运输	7139
H. 所有运输方式的辅助服务	
理货服务	741
仓储服务	742
货运代理服务	748
其他	749
I. 其他运输服务	
12. 其他地方没有包括的服务	95+97+98+99

第五章

《中国—冰岛自由贸易协定》的
投资

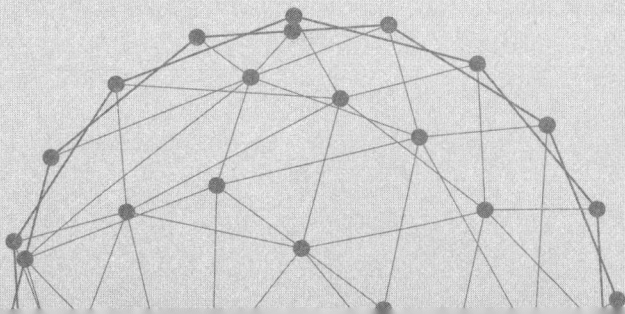

中冰自贸协定第八章为投资章。该章节重申了 1994 年 3 月 31 日双方签署的《关于促进和相互保护投资协定》的重要性。《关于促进和相互保护投资协定》签订的时间较早，双方在协定中所作出的关于投资待遇和保护承诺已逐渐内化于两国的总体投资开放安排，以及两国在世界贸易组织等多边协定做出的投资保护承诺。目前，双方投资者在协定另一方投资所能享受的待遇主要取决于中国和冰岛的外资开放水平。

本章将主要介绍中国和冰岛两国与投资相关的开放程度，为企业开展跨境直接投资提供必要的信息。通过阅读本章，企业可以了解以下主要内容：

1. 中国对外商直接投资，包括来自冰岛的外商直接投资，有哪些开放承诺？

2. 中国企业到冰岛进行直接投资需要关注哪些当地的管理制度和规定？

3. 中国企业到冰岛投资可能面临哪些限制措施？

第一节 中国对冰岛的开放承诺

中国在中冰自贸协定框架下，没有单独对冰岛做出投资开放承诺。因此，中国对冰岛的投资开放安排取决于中国对全球所有投资者做出的单边投资开放承诺。

2019年3月15日，十三届全国人大二次会议表决通过《中华人民共和国外商投资法》（以下简称"外商投资法"），取代开放初期制定的"外资三法"成为中国外商投资领域新的基础性法律。该法确立了中国新型外商投资法律制度的基本框架，明确对外商投资实行"准入前国民待遇加负面清单"的管理制度，进一步强化投资促进和投资保护。2019年12月，国务院制定公布《中华人民共和国外商投资法实施条例》，细化了外商投资法确定的主要法律制度。外商投资法及其实施条例已经于2020年1月1日起施行，外商投资将拥有更加稳定、透明、可预期和公平竞争的市场环境。

最新版的《外商投资准入特别管理措施（负面清单）2020年版）》（以下简称"2020年版负面清单"）于2020年6月24日发布，并于2020年7月23日起施行。列入2020年版负面清单项下的外商投资特别管理措施的领域共33项。除全国版负面清单外，中华人民共和国国家发展和改革委员会及商务部还于同日发布了《自由贸易试验区外商投资准入特别管理措施（负面清单）（2020年版）》，条目由37条缩减至30条，在自贸试验区继续进行开放试点，允许外商投资中药饮片、允许外商独资设立学制类职业教育机构。两个负面清单分别列出了外国投资者在全国范围内（除自由贸易试验区外）和自由贸易试验区内禁止投资的行业、限制投资的行业，以及相应的特别管理措施（包括股权要求、高管要求等）。具体见负面清单原文。

除外商投资准入负面清单外，外国投资者和外商投资企业还须遵循《市场准入负面清单（2019年版）》。国务院在该清单中明确列出在中国境内禁止、限制投资经营的行业、领域、业务等，各级政府依法采取相应管理措施。该清单包含禁止和许可两类事项。对禁止准入事项，市场主体不得进入，行政机关不予审批、核准，不得办理有关手续；对许可准入事项，包括有关资格的要求和程序、技术标准和许可要求等，由市场主体提出申请，行政机关依法依规做出是否予以准入的决定，或由市场主体依照政府规定的准入条件和准入方式合规进入；对市场准入负面清单以外的行业、领域、业务等，各类市场主体皆可进入。

外商投资法规定，在中国境内进行投资活动的外国投资者，外商投资企业应当遵守中国法律法规，不得危害中国国家安全、损害社会公共利益。中国建立外商投资安全审查制度，对影响或者可能影响国家安全的外商投资进行安全审查。依法做出的安全审查决定为最终决定。

中国建立了外商投资信息报告制度。外国投资者或者外商投资企业应当通过企业登记系统以及国家企业信用信息公示系统向商务主管部门报送投资信息。外国投资者或者外商投资企业报送的投资信息应当真实、准确、完整。

《外商投资信息报告办法》《关于外商投资信息报告有关事项的公告》和《关于开展2019年度外商投资信息报告年度报告的公告》等配套文件已于2020年1月1日起施行，外国投资者或者外商投资企业应当按照上述文件的要求，向商务主管部门报送初始、变更、注销和年度报告。

第二节　冰岛对中国的开放承诺

冰岛在中冰自贸协定框架下，没有单独对中国做出投资开放承诺。因此，冰岛对中国的投资开放安排取决于冰岛《非居民企业投资法》（*Act No 34/1991 on Investment by Non-residents in Business Enterprices*）的相关规定。总体而言，冰岛对外国投资，包括对中国投资，持开放和欢迎态度。除少数限制措施外，中国投资者可以在冰岛享受充分的投资自由。

一、冰岛对外商投资的管理

中国投资者在冰岛的投资项目通常需要冰岛产业和创新部的同意，如果投资领域涉及特定的其他部门，还须征得这些部门的同意。例如，中国投资者在冰岛食品加工领域投资，则须同时获得产业和创新部及卫生主管部门的同意，如项目对环境和生态有潜在影响，那么还须获得环境部的评估结果。

根据《非居民企业投资法》，商务部长有权根据此法颁发许可证，并控制其实施。如果商务部长认为某项外国投资威胁到国家安全、公共秩序、公共安全或公共卫生，或将会在某些经济部门或特定地区造成严重的经济、社会或环境困难，并可能是持久性的，商务部长有权停止有关投资。

商务部长在做出这样的决定之前，通常会咨询外国投资委员会。外国投资委员会是一个由5人组成的特别委员会，该委员会就许可证发放向商务部长提出建议。委员会由议会选举后各党派按比例选出的5人组成。同时，也会选出同等数量的候补成员。商务部长从委员会成员中任命主席和副主席。主席负责召集委员会会议。

二、冰岛对外商投资的限制

根据《非居民企业投资法》，中国投资者在冰岛投资面临的限制主要有以下几项：

1. 渔业领域投资限制

中国在冰岛的渔业投资存在限制，不可直接拥有或控制渔业捕捞和渔产品加工企业。但中国投资者可以对持有这类企业股份的公司进行间接投资，持股上限为 25%（如果公司渔业捕捞与加工业务不足 5%，该上限可以提升至 33%）。

2. 能源领域投资

中国投资者不可在冰岛能源领域投资，不能获得非居民用途的瀑布和地热等能源开采权、生产权和销售权。

3. 航空领域投资

中国投资者可以投资冰岛航空公司，但股份最高不能超过 49%。

4. 国有企业投资限制

中国国有企业或国有控股企业对冰岛企业的投资须获得商务部长的特别许可。

5. 房产获取和使用限制

中国企业或个人在冰岛获得土地和房产等不动产所有权必须符合《不动产使用及所有权法》规定。

6. 自然人投资限制

居住在国外（包括中国）的个人不得在冰岛从事自营职业或经营自己的企业，也不得参加承担无限责任的商业企业，除非得到商务部长的许可。

7. 经理和董事会成员的限制

冰岛企业的经理和董事会的大多数成员必须在冰岛有住所，无论非居民持有的股权、投票权或其他控制权如何。

三、外资并购

冰岛没有针对外商投资或外资并购的安全审查制度。中国投资者对并购企业的并购项目，只需遵循冰岛《竞争法》的有关规定，无须过多担心因安全审查而被否决的风险。

冰岛《竞争法》并非管理外资或外商的专门法律，对居民和非居民，对内资企业和外资企业都没有特别的待遇。因此，除前述的几项限制措施外，中国投资者在冰岛的并购可以享受等同于当地投资者或任何第三国投资者的待遇。

冰岛《竞争法》（*Competition Law No 44/2005*）于 2005 年 7 月 1 日开始实施，其目标是促进有效竞争，从而提高社会生产要素的效率，措施包括：1. 防止设置不合理的障碍干预经济的自由运行；2. 防止有害的寡头垄断和竞争限制；3. 促进新的竞争者进入市场。

商务部长负责《竞争法》的实施，但根据此法进行的监督和日常管理由商务部长委托给竞争管理局负责。

竞争管理局的职能包括：

1. 执行本法的规定和禁令，并根据本法批准例外情况；

2. 决定对企业的反竞争行为采取措施；

3. 观察公共实体采取的措施是否限制了竞争，并向当局提出任何可以使竞争更加有效和促进新竞争者进入市场的方法；

4. 监测冰岛个别市场部门的竞争和贸易惯例的发展，并调查企业之间的管理和所有权联系。

四、土地政策

冰岛没有单独的土地法。包括捕捞和狩猎权、水利权及其他各种不动产如房产、土地转让和使用都由《不动产使用及所有权法》进行规范。

根据冰岛《关于外国人获得不动产所有权和使用权的规定》，包括中国在内的其他国家的企业或个人在冰岛获得土地和房产等不动产所有权必须符合《不动产使用及所有权法》的规定。一般情况下，外资企业在冰岛如因投资经营需要，土地使用权可通过辖区地方政府租赁获得。租金一般为地价的1%—2%，通过谈判确定，可签订长期租赁协议，到期经双方同意可续租。

中国投资者只有以下几种情况可以在冰岛购买房产：

1. 在冰岛拥有合法居住权的自然人。

2. 法律实体或公司的合伙人，且在冰岛居住 5 年以上，并对该实体或公司的债务负有无限责任。

3. 在冰岛注册并在冰岛有办公地点的有限责任公司或机构，董事会成员必须是冰岛公民或在冰岛居住 5 年以上者。

4. 股份公司，4/5 的股本必须为冰岛公民拥有，且冰岛公民必须在股东大会上拥有多数投票权。

5. 特殊情况。已获准在冰岛经商并将房产作为业务场所或长久居住地，或基于其他合理理由向内政部长申请并获得特许。

第六章

《中国—冰岛自由贸易协定》的
其他领域规则

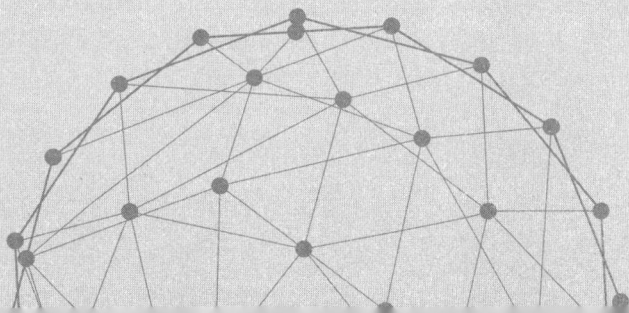

中冰自贸协定中的其他规则条款主要包括第二章货物贸易中的第二十条技术性贸易壁垒、第六章知识产权以及第九章合作。这些条款描述了企业在开展双边贸易和投资时应注意的其他事项，也列举了中冰自贸协定为企业带来的其他机遇。通过阅读本章，中国企业可以了解以下重要信息：

1. 中国和冰岛的技术性贸易壁垒管理制度主要包括哪些内容？中冰自贸协定可能在该领域为企业带来哪些便利和机遇？中国企业目前在该领域遇到了哪些问题？未来应如何充分应用中冰自贸协定的优惠安排？

2. 中国和冰岛的知识产权保护制度主要包括哪些内容？中冰自贸协定可能在该领域为企业带来哪些便利和机遇？企业在知识产权保护领域应注意哪些问题？

3. 中冰自贸协定鼓励中国和冰岛投资者在哪些领域参与两国之间的经济合作？

第一节 技术性贸易壁垒规则

中冰自贸协定技术性贸易壁垒条款的宗旨在于，增进中冰对彼此管理体制的相互了解，加强双边在技术法规、标准与合格评定程序领域的合作，有效解决双边贸易中出现的问题。本节所述条款的内容适用于除卫生和植物卫生措施外所有影响双边货物贸易的技术法规、标准和合格评定程序。

一、中冰自贸协定为企业在技术性贸易壁垒方面提供的便利

（一）消除对双边货物不必要的贸易壁垒，降低成本

1. 国际标准的使用

为避免对国际贸易造成不必要的阻碍，中冰双方约定尽可能使用国际标准，包括已经存在的国际标准，也包括即将拟就的国际标准。共同遵守国际标准，可以减少企业在开展双边贸易时因标准不同而衍生的额外负担。

2. 技术法规的等效性

对于没有国际标准的情形，中冰双方承诺将积极考虑接受另一方的技术法规为等效法规。对于企业而言，只需在经营时遵守国内法规，即可免于担心一些经营方式有悖于目标国法律。例如，当中国企业办理通关手续时，只要中国相关的卫生与植物卫生措施达到冰岛适当的卫生与植物卫生保护水平，冰方将承认这些措施的等效性，将其控制、检验和批准程序视为等效而予以接受。企业的通关效率将得到进一步提升。

3. 提高透明度

双方在关于合格评定程序的信息出现变更的情况下，将通过联系点交换更新的清单，提高信息透明度，避免因信息交换不及时而带来的不便。在此情况下，企业也能在短时间内得到最新消息。

（二）加强双方部门之间的合作，控制健康、安全和环境风险

1.规章手段的合作，促进规则协调

良好的规章手段是贸易便利化的重要前提。中冰双方在协定中约定进行规章合作，具体包括交换信息、各种原则的制定和实施等。及时的信息交换使企业可以在最短时间内做出有关调整。同时，中冰双方规则的协调也能减少企业因双方规则不同而产生的成本。

2.合格评定程序

中冰双方在合格评定程序方面将建立适当的机制以提高效率，避免重复，确保成本效率。如果中国企业在国内的合格评定结果得到承认，那么冰岛也应当认可该结果。即使不认可，冰岛也有义务应中国的要求解释不接受合格评定程序的原因。这样一来，企业产品的通关效率得到提高，降低了不确定性。

（三）《技术性贸易壁垒协定》①也推进了贸易便利化

《技术性贸易壁垒协定》（以下简称"TBT协定"）在减少贸易壁垒、促进国际贸易等方面起到了很大的作用。例如，它规定了技术援助、透明度等内容，保证了工作的专业性，同时也拉近了贸易合作伙伴间的友好关系。中冰双方虽然达成了该技术性贸易壁垒条款，但仍然承认TBT协定项下规定的权利和义务，条款中的部分内容也与协议相一致，因此该条款可视为对TBT协定内容的补充，是在已有体系下进一步简化双边贸易程序，而不是重新建立一套新的体系，这样一来，企业可以用更短的时间学习协定内容，降低不必要的成本。

---

①《世界贸易组织/技术性贸易壁垒协定》（Agreement on Technical Barriers to Trade of the World Trade Organization），简称"WTO/TBT协定"，是世界贸易组织下设的货物贸易理事会管辖的若干个协议之一，专门协调国际贸易中有关技术法规、标准和合格评定程序方面的问题。

二、企业需要了解的中国技术性贸易壁垒制度

（一）管理机构

在协定签署时，中国关于技术性贸易壁垒的主管机构是国家质量监督检验检疫总局。2018年《国务院机构改革方案》规定："将国家质量监督检验检疫总局的职责整合，组建中华人民共和国国家市场监督管理总局；将国家质量监督检验检疫总局的出入境检验检疫管理职责和队伍划入海关总署；将国家质量监督检验检疫总局的原产地地理标志管理职责整合，重新组建中华人民共和国国家知识产权局；不再保留中华人民共和国国家质量监督检验检疫总局。"因此，目前中方关于技术性贸易壁垒的主管机构是中华人民共和国海关总署商品检验司。

（二）中国的主要法律法规

1.《中华人民共和国食品安全法（2018年修改）》

法律类。该法于2015年4月24日发布，2015年10月1日生效，最新版本于2018年修改。具体来看，第六章对企业食品进出口的标准、程序要求进行了明确规定。进口的食品、食品添加剂、食品相关产品应当符合中国食品安全国家标准，企业经出入境检验检疫机构依照进出口商品检验相关法律、行政法规的规定检验合格后，按照国家出入境检验检疫部门的要求随附合格证明材料。

2.《中华人民共和国进出口商品检验法（2018年修正）》

法律类。该法于1989年2月21日发布，1989年8月1日生效。国务院设立进出口商品检验部门（以下简称"国家商检部门"），主管全国进出口商品检验工作。国家商检部门设在各地的进出口商品检验机构（以下简称"商检机构"）管理所辖地区的进出口商品检验工作。

3.《中华人民共和国进出口商品检验法实施条例（2019年修订）》

行政法规类。该法规于2005年8月31日发布，2005年12月1日生效，最新一版于2019年修订。企业应当了解到，出入境检验检疫机构对列入目录的进出口商品以及法律、行政法规规定须经出入境检验检疫机构检验的其他进出口商品实施检验。

4.《中华人民共和国食品安全法实施条例（2016年修订）》

行政法规类。该条例于2009年7月20日发布并生效，最新一版于2016年修订。具体来看，本条例第六章规定，进口食品企业应当持合同、发票、装箱单、提单等必要的凭证和相关批准文件，向海关报关地的出入境检验检疫机构报检。

5.《中华人民共和国技术进出口管理条例》国务院令（第331号）

行政法规类。该条例于2001年12月10日发布，2002年1月1日生效。具体来看，本条例第二章技术进口管理中，属于禁止进口的技术，企业不得进口；属于限制进口的技术，企业可根据相关实行许可证管理制度进行进口；未经许可，企业不得进口。

三、企业需要了解的冰岛技术性贸易壁垒相关制度

（一）主管机构

冰岛主管技术性贸易壁垒的部门是外交事务部。

（二）主要法律法规

冰岛贸易法规体系与欧盟类似，除极少数情况外，大部分欧盟法规适用于冰岛。冰岛贸易环境宽松，法律体系健全，对贸易无严格限制性规定，企业的进出口权限也不受限制。规范贸易的所有法律法规均体现一些基本原则：合法经营，依法纳税，公平竞争。

欧盟"CE"标志制度。欧盟从1985年开始推行"CE"标志制度。"CE"标志证明产品符合欧盟技术法规和标准要求，是安全产品。在欧盟、冰岛等

市场，"CE"标志属强制性认证标志，要想在这些市场上自由流通，就必须加贴"CE"标志，以表明产品符合欧盟《技术协调与标准化新方法》指令的基本要求。

"CE"标志制度是欧盟认证体系中主要的认证制度，由欧盟建立的欧洲测试与认证组织（EOTC）负责管理和授权，并和欧盟成员国的政府及中介机构共同实施监督。经 EOTC 授权和代理的机构按欧盟指令及相关技术标准（EN 标准）对产品进行检验，达到要求的，可贴上"CE"标志。目前，需加"CE"标志的产品有：简单压力容器、安全玩具、建筑产品、电磁相容性产品、机械类产品、个人保护装置、非自动衡器产品、主动式植入医疗器具、医疗设备、电信终端设备、锅炉、民用爆炸物、气体燃料设备、低电压电器产品、用于电信的地面卫星接收站、升降机、使用于易爆炸环境下的设备、休闲用设备、非简单压力容器等。欧盟还要求纺织品、服装等进口产品加贴生态标签。[①]

第二节 知识产权保护规则

知识产权在促进经济与社会发展，特别是在数字经济、技术创新和贸易方面有很大的重要性。本节所指知识产权是指世界贸易组织协议《与贸易有关的知识产权协定》（TRIPS）定义的版权及相关权利，以及对商标、地理标识、工业设计、专利、未披露信息、集成电路布图设计及植物品种的权利。

一、协定可能为企业在知识产权方面提供的便利

中冰自贸协定第六章为知识产权，在申明将世界贸易组织 TRIPS 协定纳入本协定并构成本协定一部分的前提下，对下列事项进行了规定：

---

① 中华人民共和国商务部：《欧盟对外贸易法规和政策》，http://eu.mofcom.gov.cn/article/ddfg/f/201601/20160101230175.shtml。

（一）重申共同参与的多边协定下的义务

双方重申共同参与的与知识产权相关的多边协定项下的义务，包括：

· TRIPS 协定

· 1883 年 3 月 20 日签订的《保护工业产权巴黎公约》，为 1967 年斯德哥尔摩版本所修订（简称《巴黎公约》）；

· 1886 年 9 月 9 日签订的《保护文学和艺术作品伯尔尼公约》，为 1971 年巴黎版本所修订（简称《伯尔尼公约》）；

· 1970 年 6 月 19 日签订的《专利合作条约》，为 2001 年华盛顿版本所修订；

· 1977 年 4 月 28 日签订的《为专利申请程序的微生物备案取得国际承认的布达佩斯条约》；

· 1989 年 6 月 27 日签订的《商标国际注册马德里协定》；以及

· 1957 年 6 月 25 日签订的《商标注册用商品和服务国际分类尼斯协定》，为 1979 年日内瓦版本所修订。

（二）加强沟通交流，为知识产权保护和执法带来确定性，便利国际贸易

中冰双方指定一个或多个联系点，以对有关问题进行沟通，并应当将该联系点的详细信息提供给另一方。当相关信息出现变动或有必要进行双方协商时，也会进行及时的沟通交流。当出现问题时，一方可以随时要求与另一方进行磋商，寻求解决方案。当有关规章制度出现变动时，企业可以及时得到这些变动的消息，提高信息透明度。

（三）在多领域开展两国合作，加强合作及能力建设

在法律、法规、规章、指令及政策领域开展合作，提高在制定知识产权政策、消除侵犯知识产权的货物贸易行为方面的能力。同时，也鼓励各政府部门、教育机构及其他相关组织之间的合作发展。通过开展合作，可以帮助企业更加了解冰岛的政策规章，同时，企业的知识产权也能得到有力保障。

二、企业需要了解的中国知识产权保护制度

企业应当了解到，中国的知识产权保护目前实行"双轨制"，对知识产权既提供行政保护又提供司法保护。针对不同的知识产权类型及其保护要求，从国家到地方，均设置了相应的履行知识产权保护职责的行政管理部门。

（一）管理机构

从国家层面来看，行政管理部门主要包括国家知识产权局、国家工商行政管理总局、国家版权局、商务部、国家林业和草原局、农业农村部、海关总署等。

不同的知识产权客体在中国设置了不同的行政管理部门，企业可以根据具体的业务需求寻找相关部门提供帮助。其中，

1. 国家知识产权局：[①]负责管理全国的专利、集成电路布图设计工作；

2. 国家市场监督管理总局：[②]对商标权和类似权利给予保护，负责制止不正当竞争行为；

3. 国家知识产权局：[③]统一管理全国的原产地名称保护工作；

4. 国家版权局：[④]主管全国的版权管理工作；

5. 国家农业农村部：[⑤]负责林木新品种的审批；

6. 国家林业和草原局：[⑥]负责农作物新品种的审批；

7. 国务院信息化工作领导小组办公室：[⑦]是互联网络域名系统的管理机构；

8. 中国互联网络信息中心：[⑧]协助国务院信息办管理中国的互联网络域名系统；

[①] 中华人民共和国知识产权局网址：https://www.cnipa.gov.cn/。
[②] 中华人民共和国市场监督管理总局网址：http://www.samr.gov.cn/。
[③] 中华人民共和国知识产权局：https://www.cnipa.gov.cn/。
[④] 中华人民共和国版权局网址：http://www.ncac.gov.cn/。
[⑤] 中华人民共和国农业农村部网址：http://www.moa.gov.cn/。
[⑥] 中华人民共和国林业和草原局网址：http://www.forestry.gov.cn/。
[⑦] 中华人民共和国国务院网址：http://www.gov.cn/。
[⑧] 中华人民共和国互联网络信息中心网址：https://www.cnnic.net.cn/。

9. 海关总署：[①] 负责知识产权的边境保护。

从地方层面来看，则主要由上述部委所属的地方行政管理部门来履行保护职责，推动知识产权保护方面的法律法规建设。

（二）主要法律法规、条款

《宪法》：法律类。宪法是中国的根本大法，在中国的法律体系中具有最高的权威性。具体来看，企业可以关注现行《宪法》（1982年12月4日通过）中的第二条、第十二条、第十三条、第二十条、第二十二条、第四十七条、第五十一条等直接与知识产权法相关的条款。

《中华人民共和国商标法》及《商标法实施条例》：法律类。《商标法》自1983年3月1日起施行，至今经历4次修订。主要目标为加强商标管理，保护商标专用权，促使生产、经营者保证商品和服务质量，促进社会主义市场经济的发展。企业的商标管理问题可以参照该法。

《中华人民共和国专利法》及《专利法实施细则》：法律类。该法颁布于1984年3月，至今经历4次修订，主要用来保护发明、实用新型和外观设计。企业的专利问题可以参照该法。

《中华人民共和国著作权法》及《著作权法实施条例》：法律类。《著作权法》是为了保护文学、艺术和科学作品作者的著作权，鼓励有益于社会主义精神文明、物质文明建设的作品的创作和传播。该法颁布于1990年，至今经历2次修订。企业的著作权问题可以参照该法。

《中华人民共和国反不正当竞争法》：法律类。该法是为了促进社会主义市场经济健康发展，鼓励和保护公平竞争，制止不正当竞争行为，保护企业的合法权益而制定的法律，该法颁布于1993年，至今经历2次修订。

《中华人民共和国知识产权海关保护条例》：行政法规类。该条例由国务院于2003年12月2日发布，自2004年3月1日起施行，共计5章33条。企业应当了解到，海关对与进出口货物有关并受中华人民共和国法律、行政法规保护的商标专用权、著作权和与著作权有关的权利、专利权（以下统称知识

---

① 中华人民共和国海关总署网址：http://www.customs.gov.cn/。

产权）实施知识产权海关保护。

《中华人民共和国植物新品种保护条例》：行政法规类。该条例是为了保护植物新品种权，鼓励培育和使用植物新品种，促进农业、林业的发展而制定，该条例颁布于1997年。

《中华人民共和国集成电路布图设计保护条例》：行政法规类。该条例是为了保护集成电路布图设计专有权，鼓励集成电路相关企业的技术创新，促进科学技术的发展而制定，该条例颁布于2001年10月1日。

三、企业需要了解的冰岛知识产权保护制度

在国内，冰岛颁布了系列法规，包括《专利法》（No.17/1991）、《贸易商标法》（No.45/1997）、《设计法》（No.46/2001）及3部法规的实施细则。法律规定任何人在产业运用、设计等领域的发明、创造、表述都可申请专利，获得20年或更长时间的专利保护。

冰岛产业和创新部下设专利办公室[①]，专门负责专利申请受理、审核、办法和专利事务处理。

第三节　经济技术合作规则

中冰自贸协定第九章为合作，旨在促进双方建立紧密的合作关系，特别是促进经济和社会发展、激励生产合作及在双方共同感兴趣的领域增强和加深协作。具体包括经济合作，研究、科学和技术合作，劳动和环境保护合作，发展合作以及教育和政府采购合作。

合作机制在于双方建立国家联络点，就可能的合作进行交流，国家联络点应和政府机构、私人部门代表和教育与研究机构共同协作。

---

① 冰岛专利办网址：https://www.isipo.is/。

一、经济合作

在经济合作条款的作用下，下述活动能够受到双方政府鼓励并获得一定程度的便利：

• 就促进和扩大双方货物和服务贸易的方法开展政策对话和信息交流；

• 就重大经济和贸易问题以及任何阻碍双方加强经济合作的事宜进行信息交流；

• 通过相关部门提供信息和支持，协助和便利一方的商人和贸易团体访问对方国家；

• 进一步发展现有机制，为商业合作、货物和服务贸易、投资提供信息和确定机会；以及

• 鼓励公共和／或私营部门在具有经济利益的领域开展活动。

虽然经济合作条款未对协定双方政府施加实质性约束，却为企业提供了经由国家联络点向双方政府传达合作意愿的渠道。

二、研究、科学和技术合作

条款要求在适当的情况下，双方应以现有的研究、科学和技术合作协定为基础，鼓励本国的政府部门、研究机构、大学、私营企业和其他研究单位在本协定框架下开展直接合作、规划和项目，特别是与贸易和商务有关的活动。以下几个领域可以向双方政府部门寻求重点支持：

• 2005 年 5 月 17 日签署的《中国地震局和冰岛环境部地震研究合作谅解备忘录》所确定的合作领域，包括地震学、火山学、地球物理学、地震工程学和防震减灾对策等；

• 双方在 2012 年 4 月 20 日签署的《中华人民共和国海洋局与冰岛外交部关于海洋和极地科技合作谅解备忘录》所确定的海洋和极地科技合作；

• 双方在 2012 年 4 月 20 日签署的《中华人民共和国国土资源部与冰岛外交部关于地热与地学合作谅解备忘录》所确定的地热和地热科技合作；

• 卫生部门的教育和研究合作。

• 支持包括但不限于：

• 与大学和研究机构协商，并制定鼓励联合研究生计划和科研互访的战略；

• 科学家、研究人员和技术专家的交流；

• 信息和文件交流。

三、发展合作

发展合作是理念导向的，主要是通过合作促进中国经济和社会发展的目标。基于本协定，冰岛将向中国提供一定物资、技术援助和培训机会。

四、教育

中冰自贸协定承诺适当鼓励并促进各层次学校有关教育机构之间的交流。协定中明确列出的合作领域有：

• 信息、教具和演示材料的交流；

• 在达成一致的领域内的项目的共同规划和执行，以及目标活动的联合协调；

• 本科和研究生教育中协作培训、合作研发活动的发展；

• 符合双方共同利益的项目中相关教学人员、行政人员、研究人员和学生的交流；

• 增进对彼此的教育系统、教育法律和政策的理解，包括有关各类学历的解释和评估的信息。

第七章

《中国—冰岛自由贸易协定》的
贸易救济措施与争端解决机制

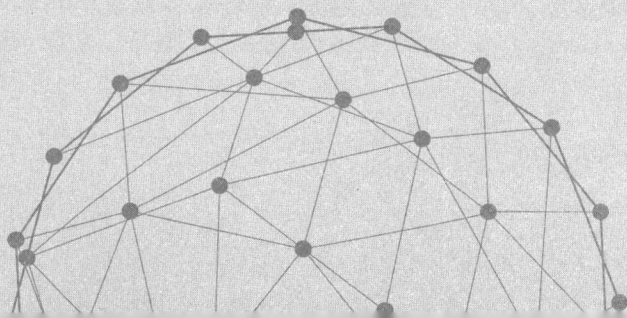

企业在参与双边贸易及投资等经济活动时，难免会遇到各种摩擦和争端。当发生此类事件时，企业可选择依据自由贸易协定中的贸易救济措施及争端解决机制维护合理利益，解决摩擦和争端。

贸易救济是指在对外贸易领域，国内产业由于受到不公平贸易行为或过量进口的冲击，造成了不同程度的损害，本国政府给予他们的帮助或救助。自由贸易协定下的贸易救济的主要形式包括反倾销措施、反补贴措施以及双边保障措施等。反倾销和反补贴措施针对的是价格歧视的不公平贸易行为，保障措施针对的是进口产品激增的情况。中冰自贸协定的贸易救济措施条款主要包括第二章货物贸易部分的第十五条反补贴措施、第十六条反倾销、第十七条全球保障措施以及第十八条双边保障措施。

争端解决机制是指当自由贸易协定缔约方之间因经贸活动发生矛盾和摩擦时，用以解决矛盾的主要方法和程序，主要内容包括对争端适用的范围、解决争端的场所、磋商机制、仲裁庭的组成与职能、仲裁报告执行等的具体规定。中冰自贸协定第十一章就争端解决问题做出了详细的规定。

通过阅读本章，企业可以了解以下重要信息：

1. 中冰自贸协定对反倾销、反补贴和双边保障措施等贸易救济措施有哪些主要规定？

2. 目前，中国和冰岛之间的贸易救济情况如何？

3. 中国企业如何获取贸易救济相关信息及帮助？

4. 中冰自贸协定关于争端解决机制有哪些具体规定？

第一节 与贸易救济相关的法规及管理机构

贸易救济的法律体系包括国际法和国内法两部分。国内法的贸易救济法律是各国制定的，为一国国内法律制度的组成部分；而国际法的贸易救济法律是世界贸易组织法律体系的一项重要内容，相关规则是在各国贸易救济法律制度基础上形成并发展的。双边自由贸易协定通常会包括贸易救济的有关约定。

目前，与贸易救济相关的主要国际协定包括：世界贸易组织《关于实施1994年关税与贸易总协定第六条的协定》（即《反倾销协定》）、《补贴与反补贴措施协定》、《保障措施协定》以及《关税与贸易总协定》第19条等。世界贸易组织争端解决机构是解决与贸易救济相关的国际贸易争端的主要机构。

中国国内与贸易救济相关的主要法律法规包括：《中华人民共和国对外贸易法》《中华人民共和国反倾销条例》《中华人民共和国反补贴条例》《中华人民共和国保障措施条例》《中华人民共和国货物进出口管理条例》。中国国内的主要管理机构为中国商务部贸易救济调查局（http://trb.mofcom.gov.cn/）。

冰岛对外贸易事务的主管机构为冰岛外交部（https://www.government.is/ministries/ministry-for-foreign-affairs/）。

企业可通过上述管理机构网站以及中国贸易救济信息网（http://cacs.mofcom.gov.cn/）查询与贸易救济有关的法律法规。

第二节 贸易救济措施

企业在贸易实践中如果遇到不公平的贸易行为并导致了损失，可以寻求政府部门通过贸易救济措施获得补偿。而当贸易伙伴采取了贸易救济措施对企业造成影响时，企业也可以通过政府部门的帮助进行适当的应对。中冰自贸协定没有设立专门的贸易救济章节，但在货物贸易章节涵盖了与贸易救济有关的反倾销、反补贴和保障措施等条款。

一、中国与冰岛贸易救济措施实施概况

根据世界贸易组织的统计，截至2021年6月30日，中国和冰岛之间相互没有采取过反倾销、反补贴等贸易救济措施。需要注意的是，中冰自贸协定关于贸易救济的条款更多的是引用世界贸易组织相关协定条款或针对世界贸易组织规则的补充性规定，并没有制定具体的反倾销、反补贴和全球保障措施程序。而且中冰自贸协定明确规定，与上述贸易救济相关的争端解决将不适用协定的争端解决程序。因此，中国企业一旦发生与冰岛的相关贸易救济问题，将会按照世界贸易组织相关协定或两国国内法进行诉讼和调查。企业如果遇到需要进行贸易救济申诉或者应对的情况，需配合政府部门做好相应的申诉、调查和应诉工作。

二、反补贴措施

（一）什么是补贴和反补贴措施？

补贴，是指出口缔约方政府或者其任何公共机构提供的财政资助以及任何形式的收入或者价格支持，并且这些资助或支持能够给接受者带来利益。与倾销不同，补贴的行为主体不是企业，而是出口国政府或公共机构。补贴会破坏进口国市场秩序，造成不正当竞争，损害进口国产业利益。因此，当进口产品存在补贴，并对已经建立的国内产业造成实质损害或者产生实质损害威胁，或者对建立国内产业造成实质阻碍时，进口缔约方政府可依法进行调查，采取反补贴措施。

（二）中冰自贸协定关于反补贴措施的约定

中冰自贸协定明确规定，缔约双方保留《关税与贸易总协定》第六条和

《补贴与反补贴措施协定》项下的权利与义务。此外，关于与补贴和反补贴措施相关的争端解决，该条款也明确指出，缔约双方依据《补贴与反补贴措施协定》所采取的反补贴措施不适用本协定第十一章（争端解决）的规定。此外，该条款还就发起反补贴调查的通知、磋商等程序做出了安排。根据该条款规定，在缔约一方根据《补贴与反补贴措施协定》的规定发起调查，以在确定被指控的补贴是否存在、补贴幅度及其影响之前，考虑发起调查的一方应尽快书面通知其产品将要接受调查的一方，并允许通过磋商以期找到双方共同接受的解决方法。应任一缔约方要求，该磋商须于接到通知之日起10日内在自由贸易协定联合委员会框架下举行。

三、反倾销措施

（一）什么是倾销？为什么要重视反倾销？

倾销，是指在正常贸易过程中某一缔约方产品以低于其正常价值的价格（通常认为产品的出口价格低于在其本国内消费的相同产品的可比价格，即视为低于正常价值）出口到另一缔约方市场。例如，若某种冰岛原产产品在冰岛的正常市场销售价格折合人民币为100元，而该产品出口至中国后的销售价格为70元，则该产品的贸易可能存在倾销。倾销会扰乱进口缔约方正常的市场秩序，给进口缔约方的国内同类产品生产企业带来不正当竞争压力，造成损害或者产生损害威胁。因此，进口缔约方企业在受到倾销的影响时，可要求本国政府对倾销行为予以适当的惩罚，这就是反倾销措施。

（二）实施反倾销措施必须满足的条件

国内产业在提出反倾销调查申请后，进口缔约方政府的主管部门需根据法律规定发起反倾销调查，并根据调查结果决定是否对进口产品采取反倾销措施。在反倾销调查过程中，政府部门需要证实3项事实，这也是实施反倾销措施必须满足的3个条件，即：申请调查的进口产品存在倾销；对国内产业的损害；倾销与损害之间存在因果关系。世界贸易组织及中冰两国相关法律对反倾销调查和反倾销措施的实施都做出了明确的规定，企业在实践中可予以参考。

（三）协定关于反倾销措施的约定

根据中冰自贸协定的约定，缔约双方保留《关税与贸易总协定》第六条和世界贸易组织《关于实施1994年关税与贸易总协定第六条的协定》项下的权利与义务。同时，协定就与反倾销措施相关的争端解决程序做出了明确说明，缔约双方依据《关税与贸易总协定》第六条和世界贸易组织《关于实施1994年关税与贸易总协定第六条的协定》所采取的反倾销措施不适用本协定第十一章（争端解决）的规定。

四、全球保障措施

全球保障措施是世界贸易组织成员在进口激增并对其国内产业造成严重损害或严重损害威胁时，依据《1994年关税与贸易总协定》（GATT 1994）及世界贸易组织的《保障措施协定》所采取的进口限制措施。保障措施的形式包括提高关税、实行关税配额以及数量限制等。全球保障措施的实施应该是无歧视的，即进口缔约方应该对所有同类产品均采取相同的措施，不因出口方不同而进行差别对待。

中冰自贸协定就全球保障措施做出了约定。根据该条款，缔约双方保留《关税与贸易总协定》第十九条和世界贸易组织《保障措施协定》项下的权利与义务。同时，双方依据《关税与贸易总协定》第十九条和世界贸易组织《保障措施协定》所采取的行动不适用本协定第十一章（争端解决）的规定。

五、双边保障措施

不同于全球保障措施，双边保障措施是在自由贸易协定过渡期内，进口方为防止协定规定的贸易自由化措施对本国产业造成损害而专门对协定伙伴采取的贸易救济措施。双边保障措施对实施时间和期限、实施对象以及补偿等均有特定的要求。中冰自贸协定就双边保障措施实施条件与方式、调查和实施程序要求、临时双边保障措施以及双边保障措施的补偿等问题做出了解释。

（一）双边保障措施的实施条件和方式

根据中冰自贸协定规定，如果由于按照协定降低或取消关税，导致原产于一缔约方的产品被进口至另一缔约方领土内的数量绝对增加或与国内产量相比相对增加，且对生产同类产品或直接竞争产品的国内产业造成严重损害或严重损害威胁，则仅在过渡期内，进口方可采取双边保障措施。

其中，国内产业指相对于进口产品而言，生产同类产品或直接竞争产品的生产者全体，或指同类产品或直接竞争产品的总产量占这些产品全部国内产量主要部分的生产者；严重损害指对一国内产业状况的重大全面减损；严重损害威胁指根据事实，而非仅凭指控、推测或极小的可能性确定的，且明显迫近的严重损害；过渡期指自中冰自贸协定生效之日起3年的期间；但是对于贸易自由化进程为5年或5年以上的产品，其过渡期应等同于该产品根据协定关税减让表中将该产品关税降至零的期间。

根据以上规定，实施双边保障措施应同时满足以下条件：第一，事件发生的前提条件是双方根据协定的安排消减或取消关税；第二，要具备产品进口数量绝对或相对增加的事实；第三，要有对国内产业造成严重损害或严重损害威胁的后果；第四，要满足在过渡期内实施措施的时间要求。

双边保障措施的具体实施方式包括：

1. 中止按照协定的规定进一步削减相关产品关税税率；或者

2. 提高相关产品的关税税率，但不应超过下列税率两者之中较低水平：

（1）采取此项措施时，正在实施的最惠国关税税率；或

（2）协定正式生效之日正在实施的最惠国关税税率。

（二）临时双边保障措施

在迟延会造成难以弥补的损害的紧急情况下，如果存在明确证据表明增

加的进口已经造成严重损害或因正在威胁而造成严重损害，一缔约方可根据这一初步裁定，采取临时保障措施。临时保障措施的期限不得超过200日。此类措施应采取提高关税的形式，如随后进行的调查未能确定增加的进口对一国内产业已经造成严重损害或因正在威胁而造成严重损害，则提高的关税应予迅速退还。任何此类临时措施的期限都应计为最终保障措施的最初实施期和任何延长期的一部分。

（三）补偿

由于实施双边保障措施会损害出口一方根据协定本应享有的自由化福利，因此，实施保障措施的一方应给予出口方适当的补偿。补偿方式为由实施保障措施的缔约方提供与此措施所导致的贸易效应或额外关税价值实质相等的减让。如果在规定的磋商中，缔约双方未能在30日内就补偿达成一致，则被采取保障措施的货物原产国可采取与实施的保障措施具有实质相等的贸易效应的行动。这项行动仅应在对实现实质相等效应所必要的最短的期间内实施，并且在任何情况下，该行动必须在保障措施的终止日期终止。

（四）调查和实施适用的程序要求

第一，关于通知要求。在下列情况下，一缔约方应立即书面通知另一缔约方：

1. 发起与严重损害或严重损害威胁有关的调查程序及其理由；

2. 采取临时保障措施；

3. 做出进口增加造成严重损害或严重损害威胁的认定；

4. 决定采取或延长保障措施；

5. 决定对先前采取的保障措施进行修改。

第二，关于提供信息的要求。在做出上述的各项通知时，拟采取或延长保障措施的一缔约方应向另一缔约方提供所有相关信息，包括进口增加造成严重损害或严重损害威胁的证据、对所涉产品和拟议采取的措施的准确描述、拟实施的日期及预计期限；拟采取措施的一方还应提供另一方认为相关的任何其他信息。

第三，关于磋商的机会。提议实施或延长保障措施的一缔约方应尽可能早地向另一缔约方提供事先磋商的充分机会，以审议调查中发现的信息，交换关于保障措施的观点和就补偿问题达成一致。在上述磋商中，缔约双方应特别就相关信息进行审议，以决定其与协定相关规定是否一致；是否采取拟议的保障措施；以及拟议的保障措施的恰当性，包括考虑替代措施。

第四，关于调查要求。协定规定，一缔约方只有经过主管机关按照世界贸易组织《保障措施协定》的规定进行调查后，才能实施保障措施；在开展调查中，一方应遵守世界贸易组织《保障措施协定》的相关要求。

第五，关于例外情况。协定规定，在下列情况下，不得实施双边保障措施：

1. 超过补救严重损害和便利调整所必要的限度和时间；

2. 1年最初实施期届满后，如经延长，1年延长期届满后；或

3. 过渡期结束后，不管其实施期多长，或是否延期。

第六，其他要求。对于曾经被采取双边保障措施的产品的进口，自措施终止之日起2年内不得再采取双边保障措施。在针对某特定产品的全球保障措施正在实施时，不应再对此产品实施任何双边保障措施；在针对某特定产品实施全球保障措施的情况下，针对此特定产品的任何双边保障措施都应终止；保障措施终止时，税率应为在没有采取该措施的情况下在缔约方关税减让表中设定的税率。

第三节　争端解决机制的一般安排

中冰自贸协定第十一章就本协定在解释和适用中引发的具体争端解决程序做出明确规定。对于企业而言，如果认为另一方政府执行、解释和适用协定的方式不符合规定，认为另一方政府采取了不符合协定义务的措施，认为另一方政府没能履行应承担的协定义务，都可以寻求本国政府部门的帮助，

双方政府将尽一切努力通过合作的方式达成令双方满意的解决方案。如果未能达成，则可通过争端解决机制寻求解决方法。

一、适用范围和场所选择

如果协定一方认为另一方未能履行本协定下的义务，则可以适用争端解决机制寻求解决方法。本协定下的义务，具体涵盖了双方在货物贸易、服务贸易等章节所做的承诺与规定。

如发生的争端涉及本协定下事项和双方均为缔约方的其他自由贸易协定或《世界贸易组织协定》下事项，起诉方可以选择解决争端的场所。

二、争端解决的程序

中冰自贸协定争端解决机制的流程如下：

（一）磋商

即使诉诸争端解决机制，争端双方也应尽力通过磋商就所有事项达成双方满意的解决方案。

争端解决程序的第一步是双方磋商，由一方以递交书面通知的方式向另一方发起，告知另一方提出请求的理由。另一方应在 10 日内做出书面答复，并在 30 日内举行善意的磋商。

（二）仲裁小组程序

1. 仲裁小组的设立与组成

如果被请求方 10 日内未做出回应，或未在 30 日内进行磋商，或双方的磋商未能在 60 日内解决争端，提出磋商请求的一方可书面请求设立仲裁小组审议争端事项。

仲裁小组应在起诉方按规定提出请求时设立，由3人组成。此后 15 日内，各方应分别指定一名仲裁员（可以是本国国民），并在仲裁小组设立之日起30 日内共同指定仲裁小组的第3名仲裁员，即仲裁小组的主席（见图7-1）。

争端发生

起诉方发起磋商请求

起诉方答复磋商请求【10日内】

斡旋、调停和和解为双方在争端解决过程中自愿采取的程序，可以随时开始、随时终止。
如果双方同意，斡旋、调停和和解可在仲裁庭的审理程序进行时继续进行。

举行磋商【30日内】

未达成解决方案

起诉方要求设立仲裁小组

设立仲裁小组

指定仲裁员

仲裁小组初步报告【90日内】

双方可提出书面评论【14日内】

仲裁小组最终报告【45日内】

起诉方胜诉 商议执行仲裁裁决

被诉方不能够立即执行

被诉方能够立即执行 商定合理期限【45日内】

未达成一致 仲裁小组确定合理期限

达成一致

仲裁小组确定合理期限

最终报告的执行

起诉方提出采取反制措施

起诉方认为被诉方未执行仲裁庭裁决

被诉方未执行裁决

未达成令双方满意的必要补偿

被诉方认为反制措施违背原则

一致性审查

谈判补偿方案【30日内】

被诉方向仲裁庭提出异议

违背原则 【30日后】

仲裁小组认定被诉方未执行裁决

仲裁小组评估【60日内】

仲裁小组审理【60日内】

未违背原则 执行反制措施

被诉方胜诉

达成一致

达成解决方案

被诉方胜诉

未执行原最终裁决

起诉方认为被诉方已执行裁决

达成双方满意的必要补偿

被诉方通知已执行最终裁决

起诉方不同意

起诉方提交原仲裁小组【30日内】

原仲裁小组裁定【60日内】

仲裁小组认定被诉方已执行裁决

起诉方同意

已执行原最终裁决

起诉方停止反制措施

争端解决

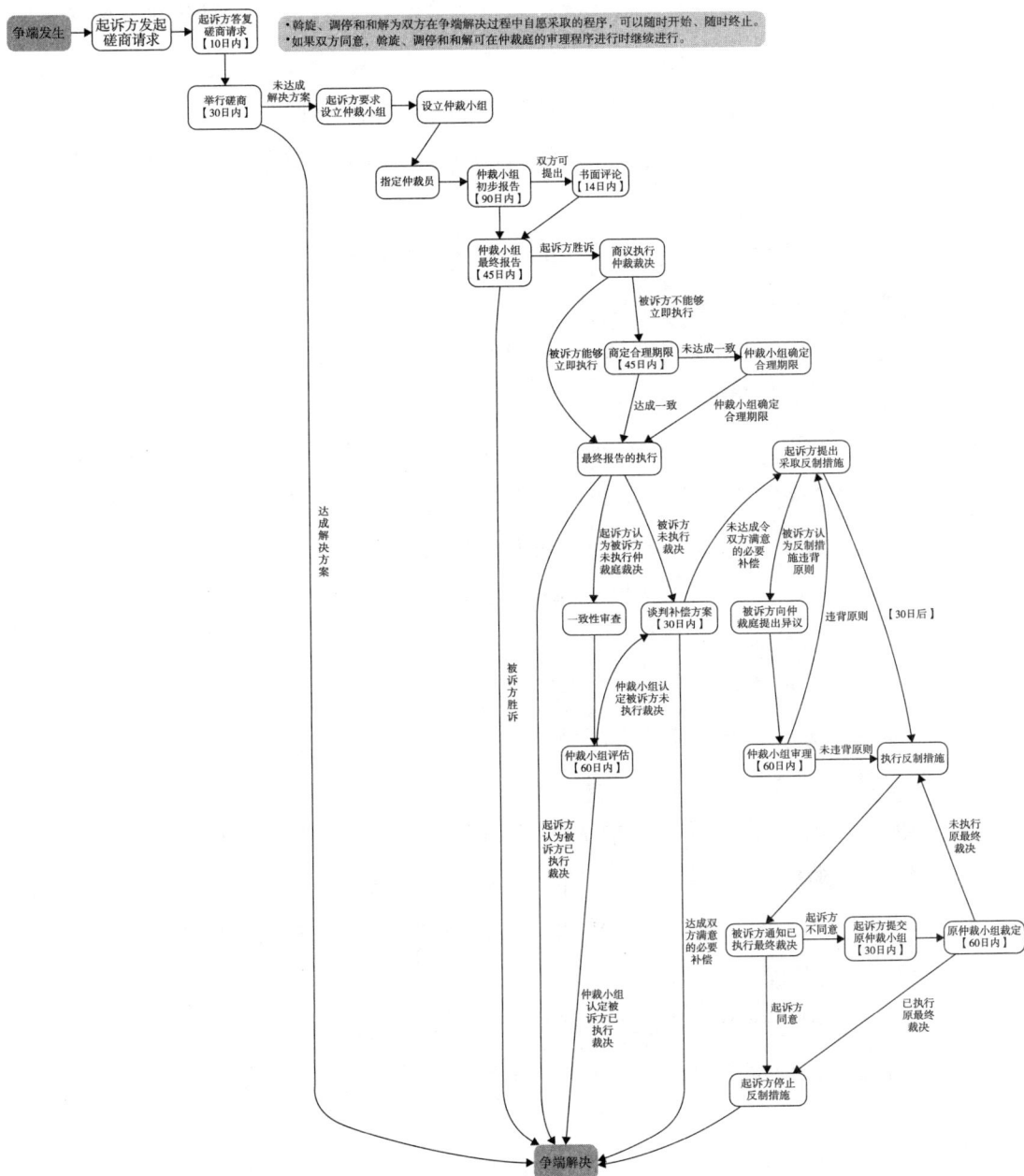

图7-1 中冰自贸协定争端解决的流程图

如果任一仲裁员未能在仲裁小组设立后30日内指定或委任，那么任何一方可请求世界贸易组织总干事在提出请求后30日内指定一名仲裁员。如果仲裁员辞职或不能履行职责，继任者应以原方式任命，且应享有原仲裁员的所有权利和职责。

不管仲裁员以何种方式产生，都应具备以下基本条件：

• 具备法律、国际贸易、本协定项下其他事项或者国际贸易协定争端解决的专业知识或经验；

• 依据客观性、可靠性和良好判断力进行严格挑选；

• 独立，不隶属或听命于任何一方；

• 遵守世界贸易组织文件 WT/DSB/RC/1 所规定的行为规范。

2. 仲裁小组的职能

仲裁小组的主要职责有两项：一是审查起诉方设立仲裁小组时提及的事项；二是为争端解决提出基于法律和事实的裁决。双方也可以在设立仲裁小组后 20 日内，通过协商的方式约定仲裁小组的职能。

仲裁小组应客观评估各项与争端相关的事项，包括：

• 案件事实；

• 双方援引的本协定相关条款的适用性；

• 争议措施是否与协定义务一致；

• 被诉方是否履行应尽的义务。

仲裁小组在解释协定时，应依据解释国际法公约的相关惯例。

仲裁小组应遵守协定附件9规定的程序规则，确保：

• 争端方有权至少参加一次仲裁小组举行的听证会，并且有机会提供初步和抗辩的书面陈述；

• 争端方被邀请参加仲裁小组举行的所有听证会；

• 在符合任何保密规定的情况下，争端方应获得向仲裁小组提交的所有陈述和评论意见；

• 仲裁小组听证会、仲裁小组审议以及所有向仲裁小组提交的书面陈述和通信均应保密。

仲裁小组作出的裁决应对双方有约束力，但该裁决和建议不能增加或减少本协定所规定的权利和义务。

3. 仲裁小组程序的撤销、中止或终止

起诉方可在初步报告发布前的任何时间撤销投诉，这并不影响在以后的某个时间就同一事宜提出新的投诉。

在任何时候，只要双方同意，仲裁小组程序可以随时中止或终止。

对于中止的情形，期限通常不能超过 12 个月。中止期间，任何一方都可以要求仲裁小组恢复工作。如果中止期超过 12 个月，设立仲裁小组的授权应终止。当然，双方也可以另行约定中止期的最长时限。

4. 仲裁小组报告

仲裁小组在出具最终报告前会先提交一份初步报告，旨在向双方提交争端相关的事实认定及其理由。初步报告应在仲裁小组设立后的 90 日内提交。

任一争端方可在收到初步报告后的 14 日内向仲裁小组提交书面评论。仲裁小组必须对该书面评论意见加以考虑，在此基础上仲裁小组可自行或应任何一方要求向任一争端方征询意见，重新考虑其报告，以及／或开展其认为合适的进一步审查。

在提交初始报告 45 日内，仲裁小组应该向双方提交最终报告，报告内容以本协定的相关条款、双方的陈述和主张为基础。最终报告提交给双方后，该报告通常会在 15 日内向公众公开。双方也可以商议不公开或在特定的时间公开。

（三）最终报告的执行

如果仲裁小组的最终报告认定起诉方胜诉，那么被诉方应尽可能消除此不一致。

通常，双方应执行仲裁小组最终报告的建议，但双方也可以磋商，采取双方均满意的补偿或其他解决方案。

如果未能达成双方均满意的方案，且不能立即遵守仲裁小组最终报告的建议，双方应在合理期限内执行仲裁小组报告的决定。

该合理期限应由双方在最终报告提交后 45 日内商定。

如果双方不能就合理期限达成一致，任何一方可以提请仲裁小组确定合理期限，仲裁小组在 60 日内（最多可延长 30 日）做出决定。

（四）一致性审查

如果起诉方认为被诉方未遵守仲裁庭的裁决，而被诉方认为己方已遵守，由此产生的争端也可以提交仲裁庭裁决，包括提交原仲裁庭裁决。

提出的时间或为合理期限届满，或为被诉方通知起诉方已遵守仲裁庭裁决。

仲裁请求提交后，仲裁庭应尽快重新召集，客观评估被诉方是否采取行动，采取的行动是否满足前仲裁庭裁决的要求，并在 60 日内向双方提交报告，阐述结论。

（五）补偿、中止减让和义务

如果被诉方未能在合理期限内执行仲裁小组裁决，或者书面表示将不遵守仲裁小组裁决，同时双方也未能达成补偿协议，起诉方可以中止对被起诉方实施效果等同的减让和义务。

起诉方需要提前30日通知被诉方将中止减让和义务。减让和义务的中止应是临时的，且只适用到与协定不符措施取消或双方满意的解决方法达成之时。

起诉方考虑中止减让和义务时，应遵循以下原则：

• 应首先在仲裁庭认定不符本协定义务的措施所影响部门进行；

• 如认为对相同部门中止减让和义务不可行或无效，在说明原因的情况下，可中止其他部门的减让和义务。

如果被诉方反对提议的中止水平或认为上述原则未得到适用，可向原仲裁庭提出审查的书面申请。

仲裁庭应在 60 日内提交决定，确定起诉方拟中止的减让和义务的水平是否与不符水平相当。如果是新组建的仲裁庭，则应在最后一名仲裁庭成员指定后 60 日内提交决定。此仲裁庭的决定应是终裁，有约束力，可公开获得。

在起诉方开始中止减让和义务，被诉方如认为已经执行最初仲裁小组的裁决，可以书面通知起诉方并描述其如何遵守义务。

起诉方如不同意，可在收到书面通知书后 30 日内将该事项提交原仲裁小组，原仲裁小组在该事项提交后 60 日内散发报告。

如果起诉方未提请仲裁，或仲裁小组认定被诉方已经消除不符之处，起诉方应立即停止中止减让和义务。

结　语

中冰自贸协定是中国与欧洲国家签署的第一个自贸协定，对于推进中欧经贸关系发展具有重要意义。该协定内容包括货物贸易、原产地规则、海关手续与贸易便利化、竞争、知识产权、服务贸易、投资、合作、机制条款以及争端解决等，具有覆盖范围广、开放水平高、优惠政策多等特征。该协定致力于开拓两国合作共赢的新空间，为两国企业提供多元且持续的成长机会。本商务应用指南本着通俗易懂和注重实用的原则对该自由贸易协定的内容进行了全面解读和阐释，旨在帮助各方更加充分地理解及利用该协定。

货物贸易

• 中冰两国相互承诺给予另一方的货物国民待遇。双方同时承诺，除非协定另有规定，任何一方不得对另一方的货物提高任何现存关税或新增任何进口关税。双方按照各自关税减让表的规定逐步取消其对另一方原产货物的关税。协定同时允许双方经协商后，加速取消关税。

• 中冰两国承诺在进出口限制、农产品出口补贴等问题上，继续遵守世界贸易组织相关规定，并将其条款直接纳入协定，构成协定的一部分。

• 自协定生效之日起，冰岛对从中国进口的所有工业品和水产品实施零关税；与此同时，中国对从冰岛进口的7000多个税号产品实施零关税。两国就关税减让时间周期及降税幅度均做出了详细安排。中冰双方均选择了部分产品没有参加关税减让，维持最惠国关税税率。此外，冰岛对少数来自中国的原产产品将关税降至65%以下，而没有完全降至零关税。

原产地规则解读及应用

• 原产地被称为货物的"经济国籍"，尤其在自贸协定货物贸易自由化的实施过程中，发挥着至关重要的作用。中冰自贸协定确定了统一原产地规则，只有满足原产地规则并且正确遵守相关认证操作程序的货物，才能顺利享受自贸协定的关税减免。

• 中冰自贸协定的原产地判定规则总体分为两种类型：制度安排的原产地规则（Regime-wide Rules of Origin）和针对具体产品的特定原产地规则（Product-specific Rules of Origin）。

• 中冰自贸协定规定原产地证明的类型包括：向出口方签证机构申请签发优惠原产地证书、经核准出口商出具的原产地声明两类。

服务贸易

• 中国和冰岛双方对服务贸易均作出了高于各自在世界贸易组织中的承诺。

• 中国以正面清单方式承诺服务部门开放。整体来看，中国对冰岛服务贸易的开放水平较高。商业服务多个部门、部分运输服务、速递服务等部门允许冰岛设立外资独资公司或子公司。此外，在商业服务等多个部门允许冰岛设立合作企业，外资可以拥有多数股权。

• 冰岛以正面清单方式开放服务部门，服务开放水平较高，多数部门为中国企业进入冰岛市场提供了机遇。旅游服务、商业服务、运输服务、电信服务、建筑及相关工程服务、分销服务等部门中多数服务活动向中国开放，为我国企业进入冰岛市场提供了机遇。

投资

中冰自贸协定的投资条款重申了促进和相互保护投资的重要性。本书第五章详细介绍中国和冰岛两国与投资相关的开放程度，包括中国和冰岛双方的外资开放和管理举措，一方投资者到另一方投资需要关注的主要法律规制。

其他领域

• 中冰自贸协定中关于其他领域规则所涵盖的双边合作领域非常广泛，涵盖了技术性贸易壁垒、知识产权和经济技术合作等领域。本书第六章深入剖析了协定在技术性贸易壁垒和知识产权领域提供的便利，一方企业在另一方投资时需要了解的技术贸易壁垒制度和知识产权保护制度，以及协定在经济合作，研究、科学和技术合作，发展合作和教育合作等领域创造的新机遇。

• 双方承诺尽可能使用国际标准，以减少企业在开展双边贸易时因标准不同而衍生的额外负担。对于没有国际标准的情形，中冰双方承诺将积极考虑接受另一方的技术法规为等效法规。中冰双方在协定中也承诺，在合格评定程序的信息出现变更的情况下，将通过联系点交换更新后的清单，提高信息透明度。

• 知识产权保护方面，中冰双方重申了各自在知识产权相关多边协定下的义务，提出要加强沟通交流，为知识产权保护和执法带来确定性，便利国际贸易。

• 经济技术合作方面，中冰双方鼓励经济合作，研究、科学和技术合作，劳动和环境保护合作，教育和政府采购合作。协定也规定了双方合作的机制，即双方建立国家联络点，就可能的合作进行交流，并和政府机构、私人部门代表、教育与研究机构共同协作。

贸易救济与争端解决

• 中冰自贸协定没有设立专门的贸易救济章节，但在货物贸易章节涵盖了与贸易救济有关的反倾销、反补贴和保障措施等条款。协定关于贸易救济的规定更多的是引用世界贸易组织相关协定条款，或针对世界贸易组织规则做出补充性规定，并没有制定具体的反倾销、反补贴和全球保障措施及程序。

• 中冰自贸协定的争端解决条款规定了如何解决因解释协定和适用协定而引发的争端，包括争端解决机制的适用范围、启动条件、仲裁程序和注意事项等。

总之，中冰自贸协定是一项高质量和全面综合的自由贸易协定，该协定的签署和实施具有重要的战略意义，对中冰乃至中欧双边经贸关系具有深刻长远的影响，并为中国与欧洲国家在平等互利原则下商签自由贸易协定树立了典范。同时，该协定的实施也将为中国企业创造更加可观的市场机会。因此，中国企业应高度重视该协定相关政策措施的落实与实施情况，通过对协定内容的深入学习，把握机遇，发掘市场潜力，在更加广阔的国际市场实现开拓创新。

后　记

　　自由贸易协定商务应用指南丛书终于付梓出版，与广大读者见面了。作为多年自由贸易协定谈判的参与者、见证者，我感到无比欣喜。这套丛书共计16册，涵盖了从《中国—东盟自由贸易协定》到《区域全面经济伙伴关系协定》我国迄今签署并生效的所有自由贸易协定，是对中国自由贸易协定最全面最翔实的解读，希望能够成为广大企业和从业人员利用自由贸易协定规则、开展国际贸易和跨境投资活动的最直接、最有效的工具书。

　　当今世界，自由贸易协定作为世界贸易组织规则的有益补充，正在发挥着越来越重要的作用。据世贸组织统计，截至2021年10月，世界各国已经生效并正在实施的自由贸易协定达到353个，而且数量呈加速增长态势，仅2021年上半年就有17个自由贸易协定被通报到世贸组织。目前，每一个世贸组织成员均参与了至少一个自由贸易协定。就货物贸易而言，自由贸易协定覆盖了世界近50%的贸易额，有20%的全球贸易发生在基于优惠关税税率的自贸伙伴之间。自贸协定成员间的服务贸易和相互投资也呈现上升态势。同时，现代的自由贸易协定已经超越传统的世贸组织规则范围，纳入了投资、竞争、电子商务、政府采购、环境、劳动力、中小企业等新条款，涉及内容从"边境上"向"边境后"拓展，成为国际经贸新规的探路者和先行军，对国际经贸规则重构具有重要的示范和导向意义。

　　积极商签自由贸易协定、建立自由贸易区是我国的一项重要战略。截至目前，我国已同26个国家和地区签署了19个自由贸易协定，涵盖了我国35%的货物贸易、1/3的服务贸易和80%的相互投资。充分利用自由贸易协定的优惠政策，可以极大改善我国企业的市场准入条件，降低经营成本，增强我国产品、服务和投资的国际竞争力。与此同时，自由贸易协定所包含的规则制度也逐渐成为我国企业开展国际化经营必须掌握和遵循的营商准则。据我国海关统计，2020年，我国享受优惠关税进口的货值达到10340.7亿元，税款减免832.6亿元，企业从中得到了实实在在的利益。我国"十四五"规划提出，加快推进规则、规制、管理、标准等制度型开放，构建与国际通行规则相衔接的制度体系和监管模式，自由贸易协定就是一个不容忽视的重要参照系。

由于每一份自由贸易协定都是一份法律文件，为了保证协定法律上的严谨性和规范化，自由贸易协定的文字往往比较晦涩难懂，甚至有些佶屈聱牙，广大企业和从业人员阅读理解起来并非易事。为了解决这一问题，中国贸促会组织各方专家力量，历时近一年时间，编写了这套丛书，从商务应用的角度对我国目前签署并且生效的全部自由贸易协定进行解读，目的就是便于相关企业和人员学习掌握，真正把这些自由贸易协定转化为企业开展进口与出口、吸引外资与对外投资的"通行证"和"优惠券"。

本套丛书有以下突出特点：

一是全面性。目前对我国自由贸易协定的解读文本不少，但总体上还是比较零散的，尚没有形成一个完整的体系。本套丛书按照协定签署的时间顺序，从2002年11月我国达成的第一个自由贸易协定《中国—东盟自由贸易协定》写起，到2022年1月生效的《区域全面经济伙伴关系协定》收笔，依时排列，共计16册，囊括了我国正在实施的每一个自由贸易协定，时间跨度近20年，既做到了"一区一册"，又实现了系统集成，使得读者一套丛书在手，便可尽览我国所有自由贸易协定。

二是系统性。本套丛书对每一个自由贸易协定的解读都独立成册，但在编写过程中也充分考虑到整套丛书内容和体例的协调统一。每册指南都包含了协定签署的时代背景、货物贸易、原产地规则、卫生与植物卫生措施、技术贸易壁垒、贸易救济、海关合作与贸易便利化、服务贸易、投资、电子商务、知识产权、争端解决等内容，章节顺序也尽可能保持一致，以便于读者系统把握每个自由贸易协定的核心要义和横向比较各个自由贸易协定的规则异同。

三是专业性。本套丛书的编写者都是多年从事国际贸易投资研究的专家学者，在写作过程中又广泛听取了商务部、海关总署等有关政府部门直接参与协定谈判人员的意见建议。文稿内容涵盖了我国自由贸易协定的全部主要章节要素，既有对经贸术语的释义，也有对案文条款的解读，结构完备，体系严密，内容全面，分析严谨、逻辑性强，对每一项规则的解释说明都力求准确到位，具有较高的专业水准，是当前关于自由贸易协定最具权威性的参考文献之一。

四是实用性。本套丛书面向的读者对象主要是广大企业和从业人员，因此，实用性始终是编写者追求的重要目标。丛书聚焦自由贸易协定的两大核心主题，即市场准入安排和规则制度设置，着重对自由贸易协定所包含的货物贸易、服务贸易、投资领域的市场准入机会按产品、分行业进行详细分析；同时，又对竞争政策、知识产权保护、贸易救济措施、争端解决机制等规则应用展开具体解读，并在每一章节辅以案例予以生动说明。通过阅读本套丛书，读者不仅可以充分掌握各类市场准入机遇，更好地开拓国际市场，而且能够有效地利用协定规则，维护自身的合法权益。

五是通俗性。作为对自由贸易协定这类法律文件的解读，本套丛书在保证各个协定法律原意的基础上，力求通俗易懂，尽量使用非专业人士容易理解的文字解释协定的条款内容；同时，为应对协定可能引发的各类问题，如贸易救济、争端解决等，制定了清晰明白、可以直接参用的路线图，从而使阅读本套丛书的每一家企业、每一名从业人员都能够读得懂、用得上。

本套丛书的中国—韩国篇、亚太贸易协定篇、中国—格鲁吉亚篇、中国—瑞士篇、中国—巴基斯坦篇、内地与港澳篇和海峡两岸篇由山东大学组织编写，刘文教授担任负责人；中国—新加坡篇、中国—智利篇、中国—秘鲁篇和中国—哥斯达黎加篇由中国人民大学和对外贸易经济大学组织编写，王亚星教授、卢福永副教授担任负责人；中国—新西兰篇、中国—冰岛篇和中国—澳大利亚篇由南开大学组织编写，于晓燕副教授担任负责人；中国—东盟篇和《区域全面经济伙伴关系协定》篇由南京大学组织编写，韩剑教授担任负责人。此外，丛书每篇中的原产地规则解读及应用章由中国贸促会商事认证中心组织编写，闫芸主任担任负责人。对于他们的专业精神和辛勤付出，在此表示衷心感谢！本套丛书在编写过程中也得到了商务部、海关总署等有关领导和同志的悉心指导和斧正，在此一并致谢！

本套丛书涉及的协定内容广博，条文复杂，受主观条件和客观条件的制约，解读未必完全精准，疏漏错误在所难免，诚恳希望广大读者朋友批评指正。

　　中国贸促会将以本套丛书的出版发行为契机，认真落实党中央关于实施自由贸易区提升战略的决策部署，立足新发展阶段，贯彻新发展理念，围绕构建新发展格局要求，与时俱进，履职尽责，密切跟踪我国商签自由贸易协定的新进展，继续做好未来新签自由贸易协定商务应用指南的编写工作；同时，进一步加强宣传推广，让我国在自由贸易领域的最新开放成果，更快更好地惠及我国企业和人民，为服务我国建设社会主义现代化国家的宏伟目标作出积极贡献。

中国国际贸易促进委员会副会长

张少刚

2022 年 10 月 8 日